中国铁建股份有限公司企业标准

隧道施工近景摄影测量技术规程

Technical Regulation of Close Range Photogrammetry for Tunnel Construction

Q/CRCC 12504—2024

主编单位：中铁十二局集团有限公司
批准单位：中国铁建股份有限公司
施行日期：2025 年 5 月 1 日

人民交通出版社

2025 · 北京

图书在版编目(CIP)数据

隧道施工近景摄影测量技术规程 / 中铁十二局集团
有限公司主编 . — 北京：人民交通出版社股份有限公司，
2025.3. — ISBN 978-7-114-20298-8

Ⅰ. U452.1-65

中国国家版本馆 CIP 数据核字第 2025T9J109 号

标准类型：中国铁建股份有限公司企业标准
标准名称：**隧道施工近景摄影测量技术规程**
标准编号：Q/CRCC 12504—2024
主编单位：中铁十二局集团有限公司
责任编辑：曲　乐　李　梦
责任校对：龙　雪
责任印制：张　凯
出版发行：人民交通出版社
地　　址：(100011) 北京市朝阳区安定门外外馆斜街 3 号
网　　址：http://www.ccpcl.com.cn
销售电话：(010) 85285857
总 经 销：人民交通出版社发行部
经　　销：各地新华书店
印　　刷：北京武英文博科技有限公司
开　　本：880×1230　1/16
印　　张：7
字　　数：158 千
版　　次：2025 年 3 月　第 1 版
印　　次：2025 年 3 月　第 1 次印刷
书　　号：ISBN 978-7-114-20298-8
定　　价：49.00 元
(有印刷、装订质量问题的图书，由本社负责调换)

中国铁建股份有限公司文件

中国铁建科数〔2024〕168号

关于发布《垦造水田技术标准》等 9 项中国铁建企业技术标准的通知

所属各二级单位，各区域总部，各直管项目部：

现批准发布《垦造水田技术标准》（Q/CRCC 92301—2024）、《绿色与智慧矿山建设技术规程》（Q/CRCC 72301—2024）、《山地轨道交通齿轨道岔制造技术条件》（Q/CRCC 33308—2024）、《交通工程绿色施工与评价标准》（Q/CRCC 23501—2024）、《全断面岩石掘进机法铁路隧道工程地质勘察技术规程》（Q/CRCC 12101—2024）、《既有铁路换梁施工技术规程》（Q/CRCC 13205—2024）、《隧道施工近景摄影测量技术规程》（Q/CRCC 12504—2024）、《邻近铁路营业线工程智慧监测技术规程》（Q/CRCC 12503—2024）、《铁路工程测量北斗地基增强系统建设与应用规程》（Q/CRCC 12502—2024），自 2025 年 5 月 1 日起实施。

以上标准由人民交通出版社股份有限公司出版发行。

中国铁建股份有限公司

2024 年 12 月 11 日

前　　言

本规程根据中国铁建股份有限公司《关于印发 2023 年中国铁建企业技术标准编制计划的通知》（中国铁建科创〔2023〕27 号）的要求，由中铁十二局集团有限公司会同参编单位编制完成。

本规程编制过程中，编制组进行了深入调查研究，系统总结了工程实践经验，广泛征求有关单位和专家意见，并与相关标准相协调，经反复讨论和修改，由中国铁建股份有限公司科技创新与数字化部审查定稿。

本规程共分为 8 章和 5 个附录，主要内容包括：1 总则；2 术语和符号；3 基本规定；4 摄影系统；5 像控点布设与测量；6 影像采集；7 数字模型制作；8 数字模型应用要求；附录 A 相机标定方法；附录 B 外业参数控制；附录 C 洞内能见度判断标准；附录 D 洞内曝光参数判断标准；附录 E 相机视场角对照表。

本规程由中铁十二局集团有限公司负责具体技术内容的解释，由中国铁建股份有限公司科技创新与数字化部负责管理。本规程执行过程中如有意见或建议，请寄送至中铁十二局集团有限公司（地址：山西省太原市西矿街 130 号；邮编：030024；电话：0351-2653907；邮箱：898781349@qq.com），以供今后修订时参考。

主 编 单 位：中铁十二局集团有限公司
参 编 单 位：中铁十二局集团第七工程有限公司
　　　　　　　中铁十二局集团有限公司高级技工学校
主要起草人员：张逆进　杨宗兵　贾优秀　张晓波　陈　谦　罗检萍
　　　　　　　陈　志　李宏祁　汤志强　贾宏明　曾慧平　杨　超
　　　　　　　曾　韬　郑红亮　刘　伟　熊望祠　金卫东　刘军华
　　　　　　　乔云飞
主要审查人员：刘成龙　武瑞宏　毛庆洲　梅　熙　石德斌　杜志刚
　　　　　　　左智刚　李凤伟　胡建国　贾优秀　张晓波

目　次

Contents

1 总则

1.0.1 为提高隧道信息化施工技术水平，促进隧道施工测量与地质勘测信息融合技术发展，规范隧道施工近景摄影测量技术应用，制定本规程。

1.0.2 本规程适用于采用非量测相机，对隧道洞口结构和洞内地质勘测、初期支护及二次衬砌段落的洞身表面进行的近景摄影测量作业，其他类似场景作业可参照执行。

1.0.3 隧道施工近景摄影测量成果宜与地理信息系统（GIS）平台集成，并和其他多源传感信息相融合，支撑隧道全生命周期数字孪生平台建设。

1.0.4 应用本规程进行隧道空间及地质信息的测绘、存储和使用，应遵守国家相关保密要求。

1.0.5 隧道施工近景摄影测量除应符合本规程的规定外，尚应符合国家和中国铁建股份有限公司现行技术标准的有关规定。

2 术语和符号

2.1 术语

2.1.1 近景摄影测量 close range photogrammetry

对物距不大于 100m 的物体，利用数码相机获取多视角影像，研究和确定被摄物体的形状、大小、位置、特性的测量技术。

2.1.2 影像重叠度 images overlap

相邻影像之间的影像重叠程度。

2.1.3 摄影系统 photography system

由摄影相机、辅助部件组成的成像系统。

2.1.4 B 门 bulb

一种由拍摄者按下快门持续时间来控制相机曝光时间的快门控制方式。

2.1.5 辅助部件 auxiliaries

用以改善摄影环境和质量，但本身不参与成像的装置或设备。

2.1.6 云台 tripod head

用于调整和固定相机姿态的装置。

2.1.7 相机标定 camera calibration

通过试验测定物体表面某点的空间位置与其在影像中相应的平面位置，确定相机成像模型参数的过程。

2.1.8 标定板 tablet for calibration

用于相机标定的带有固定间距图案阵列的平板。

2.1.9 像控点 image control point

在现场和影像上均能准确辨识，并以规范要求精度测得平面、高程等数据的控制点。

2.1.10 像控点标志 target for image control point
由人工制作布设，在现场和影像上均能准确辨识的标志物。

2.1.11 能见度 visibility
将目标物从背景中识别出来的最大距离。

2.1.12 光照强度 light intensity
单位面积上所接受可见光的光通量。

2.1.13 色卡 color checker
印刷有特定颜色色块，用于校正影像色彩的平板。

2.1.14 曝光参数 exposure parameters
影像拍摄时相机快门速度、光圈大小、感光度的数值。

2.1.15 测光表 light meter
通过测量光照强度计算相机曝光参数的仪表。

2.1.16 摄站 camera station
在拍摄影像的瞬间，相机镜头光学中心所处的空间位置。

2.1.17 包围曝光 bracketing
按一定曝光量级差，拍摄多张具备不同明、暗细节特征影像的曝光方法。

2.1.18 空中三角测量 aerotriangulation
利用影像与所摄目标之间的空间几何关系，根据少量像控点，计算影像外方位元素和其他待求点的平面位置和高程的测量方法。

2.1.19 影像匹配 image matching
通过一定算法在两幅或多幅影像之间识别同名点的过程。

2.1.20 点云 point cloud
三维空间离散点的数据集合。

2.1.21 纹理映射 texture mapping

将纹理空间中的纹理像素映射到影像平面中像素的过程。

2.1.22　接边　edge matching
为保证跨图幅边界处位置和属性数据一致的处理方法。

2.1.23　工程坐标系　engineering coordinate system
工程设计、施工时采用的平面直角坐标系。

2.1.24　高程系统　height system
指相对于不同性质的起算面所定义的高程体系。

2.1.25　独立坐标系　independent coordinate system
任意选定原点和坐标轴的空间直角坐标系。

2.1.26　正射影像　orthophoto map
利用数字模型获得的具备正射投影性质的影像。

2.1.27　洞身展平　flatten tunnel surface
将隧道洞身表面变换为平面的过程。

2.1.28　展平坐标系　coordinate system for surface flattening
于曲面展平的平面中设立的直角坐标系。

2.1.29　地质编录　geology recording
用文字、图件等形式，把隧道施工过程中所观测的地质现象以及综合研究的结果系统、客观地反映出来的工作过程。

2.2　符号

A——相机内部参数矩阵；
b——像控点标志编号笔画宽度；
b_s——相机传感器短边尺寸；
C——像控点标志沿隧道纵向布置间距；
C_i——模型平移前各点的工程坐标系或高程系统坐标分量；
ΔC——模型在工程坐标系或高程系统中的坐标分量平移量；
C_i'——模型平移后各点的独立坐标系的坐标分量；
d——残余畸变率；

D——同断面内摄站最大视距；

D_C——相邻摄站断面最小间距；

D_{min}——相机最小对焦距离；

f_e——镜头等效焦距；

f——镜头实际焦距；

F——镜头光圈系数；

H——隧道断面高度；

$\boldsymbol{H}_k$——拍摄第 k 张影像相机的内外参数矩阵积；

k——焦距转换系数；

l_s——相机传感器长边尺寸；

l_D——相机传感器对角线尺寸；

L——像控点标志边长；

O——影像重叠度；

$\boldsymbol{R}$——坐标系变换旋转矩阵；

s——相机传感器绕主点的旋转；

S——像控点标志沿隧道断面切向的布设间距或展平坐标系下的弧长；

$\boldsymbol{T}$——坐标系变换平移矩阵；

W——隧道断面跨度；

x——独立坐标系的 x 坐标分量；

X——平面坐标系的 X 坐标分量；

y——独立坐标系的 y 坐标分量；

Y——平面坐标系的 Y 坐标分量；

z——独立坐标系的 z 坐标分量；

Z——高程系统的高程值或展平坐标系下的里程；

α_D——相机的传感器对角线视角；

α_H——相机水平视场角；

α_V——相机垂直视场角；

δ——相机传感器弥散圆直径；

ε——畸变修正残差；

ΔH——隧道断面最大跨度距施工阶段通道面的高度；

θ_i——相机在外侧摄站采集第 i 张影像时的俯仰角；

θ_i'——相机在中间摄站采集第 i 张影像时的俯仰角；

φ_{max}——相机在外侧摄站采集影像时的最大方位角。

2.3 缩略语

CCD（charge coupled device）：电荷耦合器件

CMOS （complementary metal oxide semiconductor）：互补金属氧化物半导体

APS-C （advanced photo system-classic）：先进摄影系统（经典型）

M4/3 （micro four thirds）：微型 4/3 系统

LED （light-emitting diode）：发光二极管

CRI （color render index）：显色指数

HDR （high dynamic range imaging）：高动态范围成像

FLOPS （floating point operations per second）：每秒浮点运算次数

DSM （digital surface model）：数字表面模型

DEM （digital elevation model）：数字高程模型

DOM （digital orthophoto map）：数字正射影像图

3　基本规定

3.0.1　隧道施工近景摄影测量采用的坐标和高程系统，应与隧道施工采用的坐标和高程系统保持一致。

3.0.2　非量测相机经标定合格后方可使用，宜采用本规程第 4.3 节规定的方法进行标定。

3.0.3　影像采集前应按本规程附录 C 规定评估隧道洞内的能见度条件。

3.0.4　摄影相机应具备手动设置曝光参数功能，宜采用三脚架稳定摄影相机并以非接触方式触发快门，不得使用闪光灯进行补光。

条文说明

　　闪光灯是利用电容器存储高压电荷，脉冲触发使闪光管放电，完成瞬间闪光。对于无防爆措施的灯具，其触点引起的电火花会导致瓦斯等可燃气体爆炸而引发事故。另由于隧道洞内多为富尘环境，闪光灯会因粉尘散射而引起画质显著下降。因此，本规程中禁止使用闪光灯进行补光。

3.0.5　成像质量控制应包括下列主要内容：
1　影像重叠度。
2　影像曝光度、饱和度、对比度和锐度。
3　影像完整性。

3.0.6　像控点的布设、测量及影像采集各工序的实施，应充分考虑与隧道施工工序的并行与协调。

3.0.7　影像处理与建模软件宜具备批处理功能，应具有成果质量评估、多种数据格式输出等功能。

3.0.8　隧道施工近景摄影测量应以洞身表面测量与地质勘测数据融合技术为核心，

结合设计阶段勘察、超前地质预报和现场验证等技术手段，对隧道施工过程中的地质现象进行编录和研判。

3.0.9 对地理和地质信息有保密要求的，应严格做好信息安全保护措施，原始影像、点之记、成果数据等资料应妥善保管。

3.0.10 瓦斯环境隧道内的影像采集作业，所用设备应符合现行国家标准《爆炸性环境　第 1 部分：设备通用要求》（GB 3836.1）的防爆安全要求。

4 摄影系统

4.1 摄影相机

4.1.1 用于隧道施工近景摄影测量的相机成像元件应符合以下要求：

1 可选用 CMOS 或 CCD 型传感器的相机。

2 相机成像元件面积不宜小于 APS-C 画幅，有效像素不宜低于 2400 万。

条文说明

传统 CCD 型传感器的性能和稳定性较 CMOS 型传感器更为优秀，但成本高昂。但近年来，CMOS 技术已逐步成熟，不仅传承了能耗低、结构简单、体积小、价格低廉的优点，而且热稳定性和抑噪能力得到较大改善，可很好适应隧道内需频繁进行长时间曝光的环境。试验表明，隧道爆破前的摄影工况所需曝光时间最长，单张影像的平均曝光时间为 7s，其采集影像的锐度、噪点、色彩还原等性能均能满足要求，因此对于同样尺寸的成像元件，CMOS 型传感器更经济。表 4-1 给出了几类常用的相机传感器类别及相应参数，以供参考。

表 4-1 常用相机传感器参数

类别	参数			
	宽度（mm）	长度（mm）	对角线（mm）	面积（mm²）
全画幅	24.0	36.0	43.3	864.0
APS-C	14.9	22.3	26.8	332.3
M4/3	13.0	17.3	21.6	243.0

4.1.2 摄影镜头应选用定焦镜头，其等效焦距可按式（4.1.2）计算。镜头焦距及焦距转换系数宜按表 4.1.2 的规定选取。

$$f_e = k \cdot f \tag{4.1.2}$$

式中：f_e——等效焦距（mm）；

k——焦距转换系数；

f——镜头实际焦距（mm）。

表 4.1.2　镜头焦距及转换系数表

传感器类别	全画幅	APS-C	M4/3
f（mm）	20、24、28、35、50	20、24、28	20、24
k	1.0	1.6	2.0

条文说明

　　相机镜头在拍摄时应保持焦距不变，以确保镜头标定参数固定，故应采用定焦镜头。而即便相同焦距的镜头，在不同尺寸成像元件上的成像视角也不相同。仅靠镜头实际焦距（镜头上标注的焦距），无法对不同相机拍摄范围进行比较。因此引入等效焦距，为视角评估提供统一焦距标准。等效焦距是指将相机传感器芯片对角线实际长度等效为全画幅相机对角线长度（43.3mm）时，其镜头实际焦距所对应的全画幅相机镜头焦距；焦距转换系数是指相机传感器芯片对角线实际长度与全画幅相机对角线长度（43.3mm）的比值。表4.1.2中给出了常见相机传感器对应的焦距转换系数，以便快速计算各类相机的等效焦距。

　　隧道内空间狭窄，焦距过大将导致视角变小，引起单幅影像覆盖面积过小，摄影工作量增加，故不考虑选用大于50mm焦距镜头。本规程按式（4-1）计算镜头的传感器对角线视角，并以全画幅相机50mm镜头的计算值作为参考基准，对于非全画幅相机传感器对角线视角小于参考基准的则不予选用。

$$\alpha_D = 2\arctan\left(\frac{l_D}{2f}\right) \tag{4-1}$$

式中：l_D——相机传感器对角线尺寸（mm），按表4-1选取；

　　　　f——镜头实际焦距（mm）；

　　　　α_D——相机的传感器对角线视角（°）。

　　选用对角线视角作为参考基准的原因是：不同传感器与镜头组合时，其水平与竖直视场角变化各不相同，不具备可比性，故采用传感器对角线方向的视角进行对比以综合反映水平视场角和垂直视场角影响。例如：对于全画幅相机50mm镜头通过式（4-1）计算的 α_D=46.83°；APS-C画幅相机35mm镜头计算的 α_D=30.01°＜46.83°，因此在表4.1.2中没有采用。

4.1.3　相机曝光控制系统应满足下列要求：

1　具备对快门速度、光圈、感光度进行独立控制的功能。

2　具备快门线连接接口。

3　具备延时触发和B门触发快门的功能。

4　宜具备电子快门功能。

条文说明

隧道内光照环境复杂，相机内部曝光程序提供的曝光参数组合难以完全满足拍摄场景需求，因此需对相机的快门速度、光圈、感光度进行独立手动控制（即"M 档"），以获得最佳参数组合。

作业人员通过手指触发快门是影像采集时振动的主要来源。通过快门线触发可避免手指触碰相机，减少相机振动；相机的延迟触发功能使快门在作业人员按下之后一段时间再触发，进一步降低了振动对成像的影响。

相机和快门线上的 B 门触发功能可使作业人员任意控制曝光时间，不受相机系统的最大曝光时间限制，以满足一些极端光照条件时（如掌子面断电后的场景）的拍摄需要。

大多数相机快门结构的标准配置为机械快门，工作时会引发振动，使影像产生拖影导致锐度降低；而电子快门则不会存在振动问题，更利于提升拍摄稳定性。

4.1.4 宜选用单镜头反光式取景数码相机。当隧道洞内目视曝光等级满足附录 D 中小于或等于 ±0EV 要求时，可采用单镜头电子取景式数码相机。

条文说明

采用单镜头反光式取景数码相机（单反相机）拍摄时，显示屏处于关闭状态，作业人员通过观察光学取景窗进行取景和构图，人眼处于暗室环境，不受杂光干扰，较易观测到对象特征，适用于隧道内所有光照场景。

采用单镜头电子取景式数码相机（单电相机）拍摄时，显示屏处于开启状态，作业人员通过观察显示屏进行取景和构图。当隧道内光照较暗时，显示屏动态成像范围下降，显示细节损失严重；作业人员视线从较亮的屏幕切换到较暗的隧道背景时，对背景的分辨能力降低。因此，只建议在光照条件良好的隧道内使用单电相机。

4.2 辅助部件

4.2.1 辅助部件主要包括三脚架、锁焦环、测光表、色卡、快门线、补光光源、激光照准装置和偏光滤镜等。

4.2.2 三脚架脚管节数不宜超过 3 节；应采用经纬云台并满足以下要求，如图 4.2.2所示：

1 基座应设有圆水准器；转轴设有方位角、俯仰角刻度。
2 方位角调整范围：−90°~90°；俯仰角调整范围：0°~90°。
3 宜选用齿轮式经纬云台。

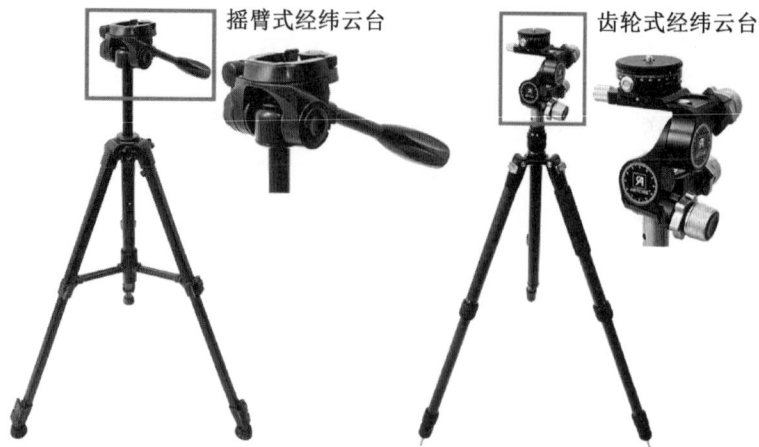

图4.2.2　经纬云台三脚架示意图

条文说明

　　经纬云台能够对相机的航向、俯仰、横滚三个姿态独立控制，调整精度高，而齿轮式经纬云台则可更为快速、精准地完成角度调整。

4.2.3　测光表应具备入射、反射和照度三种测光模式。

条文说明

　　入射模式测量的是照射于被摄物体上的光强；反射模式测量的是经被摄物体反射至镜头的光强；照度模式用以评估环境照度。三种模式如图4-1所示。

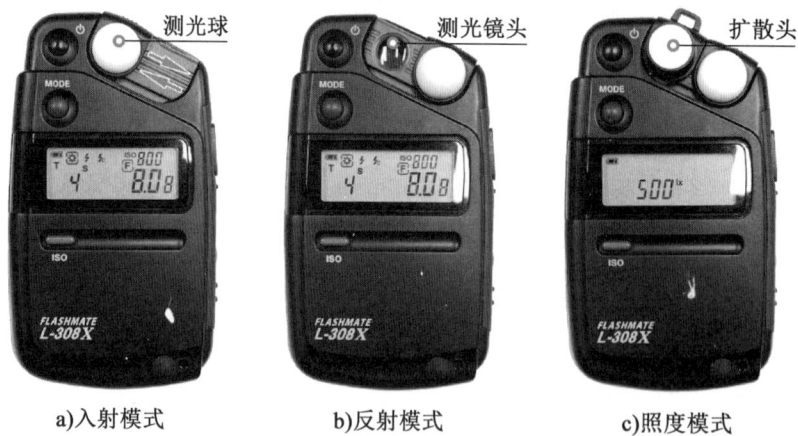

a)入射模式　　　　b)反射模式　　　　c)照度模式

图4-1　测光表的测光模式

4.2.4　色卡应采用24色印刷并设亚光覆膜，应平整粘合于衬垫上。色卡尺寸不宜小于400mm×550mm，色块最小尺寸不宜小于60mm×60mm，相邻色块间距不宜小于10mm。排布方式及尺寸应按图4.2.4所示样例执行。

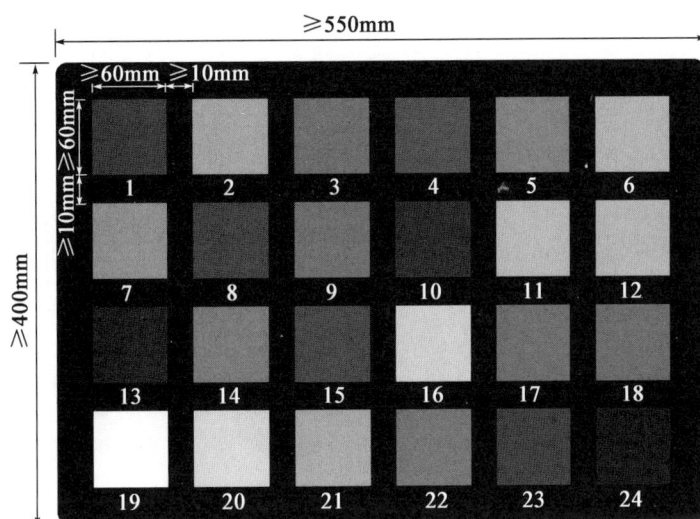

图 4.2.4　色卡色块的排布及尺寸

条文说明

　　色卡是准确还原现场色彩的参考基准，可直接采购成品。色卡尺寸的选择考虑了不同行业不同断面尺寸隧道的相机成像分辨率及相关试验和经验数据。

4.2.5　快门线应具备 B 门机械锁定功能，长度宜介于 0.5～1m 之间。

条文说明

　　无 B 门机械锁定功能的快门线［图 4-2a)］易因作业人员误碰而中断曝光作业，因此采用机械锁定方式［图 4-2b)］，保证曝光稳定性。

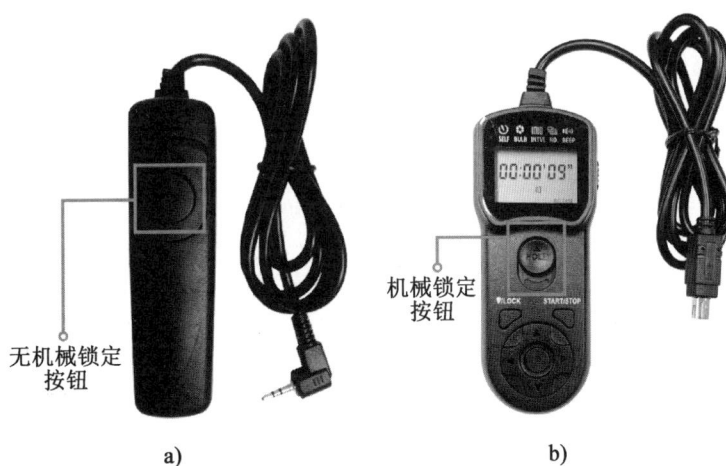

图 4-2　两种快门线对比

4.2.6　补光光源宜采用具备亮度和色温调节功能的 LED 光源，光角度不应小于

120°，CRI 值不应低于 95。

4.2.7 相机可通过热靴加装激光照准装置，对相机方位角、俯仰角进行控制，激光照准装置可按图 4.2.7 所示方式安装。

图 4.2.7　激光照准装置示意图

4.3　相机标定

4.3.1 相机参数标定内容应包括焦距、主点偏移、畸变等，标定方法宜按本规程附录 A 的要求执行。标定精度要求如下：

1　焦距偏差：±0.02 ~ ±0.04mm。

2　主点偏移：±0.02mm。

3　畸变校正后的畸变率：≤0.2%。

4.3.2 标定板应采用棋盘格形式布局，长、宽方向的方格数量不得同时为奇数或偶数，且不应少于 5 个，方格尺寸宜按 30 ~ 50mm 控制。

4.3.3 相机标定前，应将镜头对焦模式设为手动，将对焦距离设为无穷远，并采用锁焦环按图 4.3.3 所示方式将镜头对焦环锁定。

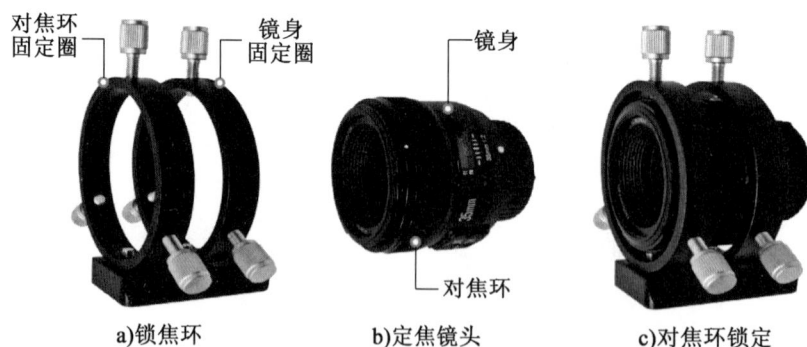

图 4.3.3　相机镜头对焦环锁定示意图

条文说明

非量测相机镜头都具备对焦功能。对焦是将镜头焦距进行微调使影像清晰的过程。

拍摄过程中对焦会引起焦距、主点偏移等参数的变化，使已标定的参数失效。因此应在相机标定前，采用锁焦环固定镜头对焦环，保持相机参数标定前后的一致性。

4.3.4 相机标定时，可按图4.3.4所示机位从多个视角采集标定板影像，数量宜为15~20张。

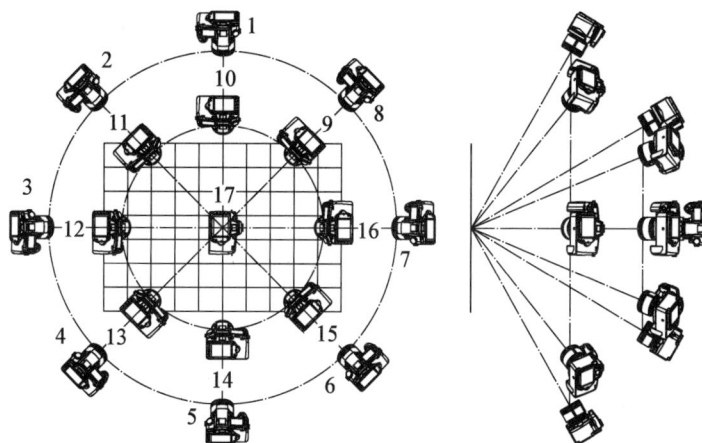

图4.3.4 相机标定影像拍摄机位示意图

4.3.5 相机标定周期不宜超过12个月，当出现镜头更换、长距离运输等情况时，应对相机进行标定。

5 像控点布设与测量

5.1 像控点标志

5.1.1 像控点标志的材质应具备较好的刚度、附着、辨识度和防水等性能。像控点标志宜采用磁吸式或贴片式，按图 5.1.1 所示制作。

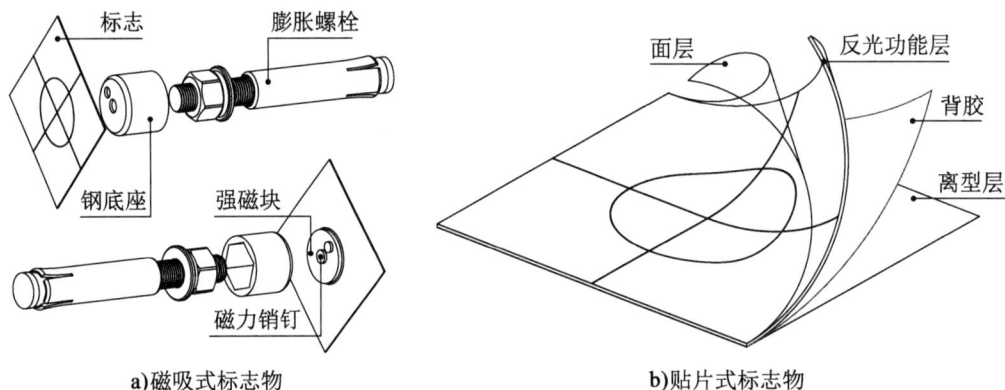

a)磁吸式标志物

b)贴片式标志物

图 5.1.1 标志物构造

5.1.2 对于初期支护段落，像控点应采用磁吸式标志物；对于洞口及二次衬砌段落，像控点应采用贴片式标志物。

条文说明

初期支护采用磁吸式标志，平行于炮眼钻设工序安装。膨胀螺栓锚固于初期支护混凝土内，螺栓露头处的钢靶座嵌入螺帽。钢靶座顶部设有两处圆形键槽，用以吸附和固定标志。标志采用薄钢板表面黏贴反光贴片而成，并通过钕铁硼永磁块吸附于钢靶座顶部。强磁块顶部的磁力销钉起限位作用。该种标志能够较好适应隧道富水、富尘的环境，在二次衬砌施作前能将底座和标志取出并重复利用。

二次衬砌采用贴片式标志，价格低廉，安装便捷。当标志物调整时，可快捷清除既有无效标志，避免了传统喷涂标志清理困难的问题。

5.1.3 标志物宜按正方形轮廓制作，尺寸 L 可按本规程表 B.3-1～表 B.3-3 的要求选取。

5.1.4 标志物颜色宜采用黑白、红白或黑黄相间布置，可按图5.1.4所示制作。

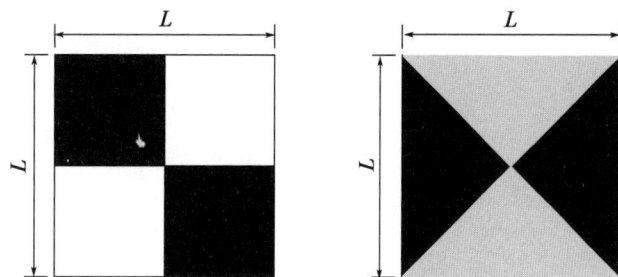

图5.1.4 标志物尺寸及颜色示意

5.2 像控点布设

5.2.1 洞口结构的像控点布设应满足以下要求：

1 在洞口结构长、宽、高方向的限界点处应各布设至少1个像控点。

2 可选取洞口结构上的尖角、顶点作为像控点。

3 在洞口结构弧度较大的曲线、曲面处应增设像控点。

条文说明

本条参考了国家标准《近景摄影测量规范》（GB/T 12979—2008）中关于物方控制布设的要求。洞口结构长、宽、高方向的限界点指的是以隧道轴线为参考，洞口结构外露部分的最高点、最低点、最大里程点、最小里程点、距轴线最左侧点和最右侧点，目的是控制洞口结构整体尺寸偏差。

5.2.2 洞内像控点应逐断面对称均匀布设在隧道表面，布置间距（参数 C、S）可按本规程表 B.3-1 ~ 表 B.3-3 选择。

5.2.3 初期支护段落像控点标志宜布设在距掌子面5m左右；二次衬砌段落像控点标志布设宜超出被测区域 $0.5C$，C 为像控点标志沿隧道纵向布设间距。

5.2.4 应在像控点标志旁喷涂编号，并满足以下要求：

1 编号宜在拱脚、边墙等处喷涂，颜色宜选择红色或白色。

2 同一断面的像控点标志应至少喷绘2个编号；对于潮湿、渗水等不具备喷绘条件的表面，可选择邻近像控点标志喷涂编号。

3 编号应大小适宜，笔画清晰。喷绘于初期支护表面的编号高度宜为300mm，宽度宜为210mm，笔画宽度宜为30mm；喷绘于二次衬砌表面编号的编号高度宜为150mm，编号宽度宜为105mm，笔画宽度宜为15mm。编号尺寸示意见图5.2.4。

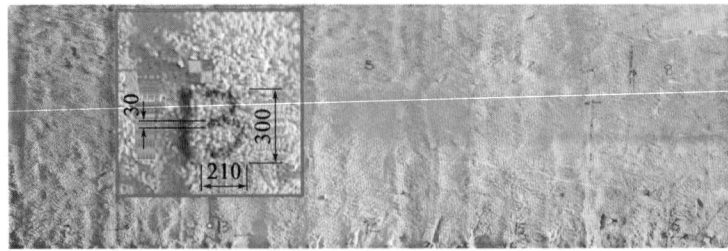

a)初期支护像控点编号尺寸(仅示意纵剖面)

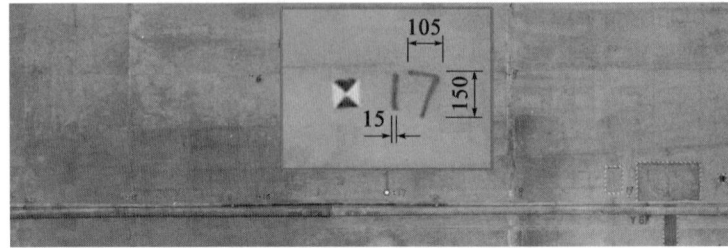

b)二次衬砌像控点编号尺寸(仅示意纵剖面)

图5.2.4　像控点编号尺寸示意（尺寸单位：mm）

条文说明

初期支护表面凹凸不平，编号成像质量受笔画宽度控制。编号最小笔画宽度取决于喷射混凝土表面的不平整情况，其与喷射混凝土配合比及粗骨料粒径相关。最小笔画宽度应至少覆盖相邻两粗骨料之间间隙，才能消除因骨料凸起遮挡导致影像上笔画不连续的影响。采用单位体积混凝土内骨料均匀分布模型，根据配合比确定 $1\,\mathrm{m}^3$ 喷射混凝土粗骨料质量为 m_{G}，粗骨料颗粒密度为 γ_{G}，将粗骨料按其粒径 d_{G} 等效为球体，则单位体积内粗骨料颗粒数量 N 为：

$$N = \frac{6m_{\mathrm{G}}}{\pi\gamma_{\mathrm{G}}d_{\mathrm{G}}^3} \tag{5-1}$$

上述数量的粗骨料颗粒均匀分布在单位立方体中，当按图5-1中选取截面 ABC 时，相邻两颗粒之间的距离最大。为完全包纳 A、C 点，将其沿投影轴 B'-B'' 向相邻两颗粒各外扩一半邻距，由于 $AB' = CB'' = AC/3$，笔画宽度 b 为：

$$AB = \frac{1000}{\sqrt[3]{N}} \quad BC = \frac{1000\sqrt{2}}{\sqrt[3]{N}} \quad AC = \frac{1000\sqrt{3}}{\sqrt[3]{N}} \quad b = \frac{4}{3}\cdot\frac{1000\sqrt{3}}{\sqrt[3]{N}}\,(\mathrm{mm})$$

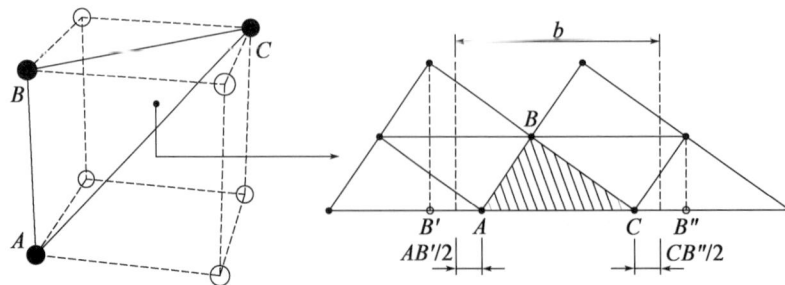

图5-1　骨料颗粒最大分布间距示意

隧道初期支护多采用 C25 喷射混凝土，分别选取公路、铁路、水利行业隧道相应的配合比作为代表进行计算；喷射混凝土采用粒径 5～10mm 碎石，其粒径按筛网 9.5mm 计算，代入 b 中表达式得到表 5-1，将表中数据取整为 30mm，即为初期支护表面编号喷绘的笔画宽度。国家标准《技术制图　字体》（GB/T 14691—1993）中明确了字体高度：字体宽度：字体笔画宽 = 10∶7∶1 的比例关系，因此可确定出初期支护表面编号字体高度为 300mm，宽度为 210mm。

表 5-1　各行业喷射混凝土对应的最小笔画宽度

行业	γ_G（kg/m³）	d_G（mm）	m_G（kg）	N（颗）	b（mm）
公路	2600	9.5	926	793759	25
铁路	2600	9.5	800	685753	26
水利	2600	9.5	1004	860619	24

二次衬砌表面光滑，编号成像质量受编号尺寸控制。编号高度与标志物尺寸一致可保证其影像分辨率。由附录 B.2 条文说明可知，本规程标志物最大尺寸为 150mm，因此取二次衬砌表面喷绘编号高度为 150mm，可保证其成像分辨率。根据字体高度：字体宽度：字体笔画宽 = 10∶7∶1 的比例关系，可确定二次衬砌表面编号字体宽度为 105mm，笔画宽度为 15mm。

5.3　像控点测量

5.3.1　像控点宜基于洞内施工控制网采用全站仪极坐标法或自由设站法进行三维测量。自由设站法测量时，全站仪宜设在线路中线附近，后视控制点数量不应少于 3 个，且在设站点前后均有分布。

条文说明

本条对像控点测量方法、设站位置、控制点使用数量、边长相关要求进行了说明。全站仪自由设站能较好的适应各种场合，可以实现自由快速设站、自由选择参考点、高效、精度高。洞内机械设备遮挡、隧道跨度影响易导致视线障碍，全站仪优先沿线路中线架设。为提高设站精度，作业前需对周边既有控制点进行检查校核，并选用符合要求且不少于 3 个控制点作为基准。相邻边长比避免过大引起测角误差，为提高像控点坐标精度，要严格控制边长比。为确保控制点的精度可靠，洞内控制点引伸测量的起算坐标和方位角要采用经检测合格的前一期洞内控制点测量成果。

不具备通视条件的段落可以设置临时靶标（棱镜）作为传递点，再利用传递点设站对像控点进行施测。更换测站后，相邻测站重叠观测主控制点按不少于 1 个控制。针对相邻测站重叠观测，可以参照行业标准《高速铁路工程测量规范》（TB 10601—2009）无砟轨道 CPⅢ网建网测站搭接方式或无砟轨道混凝土底座及支承层放样设站要求。已完衬砌段落通视条件较好，能够直接利用仰拱混凝土面控制点设站对像控点进行坐标测量。

受衬砌台车、防水板铺设台车、液压栈桥等影响，在已施作完衬砌段落架设仪器无法与初期支护段落像控点通视，需设置临时靶标（棱镜）进行坐标传递，重新设站对像控点进行坐标测量。

5.3.2 像控点测量自由设站点 X、Y、Z 点位中误差不应大于 5mm，完成设站后，检核任一控制点坐标分量不符值不宜大于 7mm。

5.3.3 像控点坐标成果的误差宜不大于 10mm。

6 影像采集

6.1 一般规定

6.1.1 影像应在洞内能见度和照度满足要求的条件下采集。能见度宜按本规程附录 C 的要求进行评估，相应可靠视距值应不小于本规程表 B.3-1～表 B.3-3 中的 D 值；照度宜按本规程附录 D 的要求评估。

6.1.2 影像采集时应采用带经纬云台的三脚架支撑和稳定相机，三脚架的选择可按本规程第 4.2.2 条的规定执行。

6.1.3 影像采集应通过快门线触发相机快门

6.1.4 影像沿隧道纵向采集范围应超出被测区域 $0.5C$，C 为像控点标志沿隧道纵向布设间距。

6.1.5 洞口影像采集对象应包括洞口结构外表面和内表面。

6.1.6 洞内影像采集前，相机应加装激光照准装置。

6.1.7 影像存储格式应设为 RAW。

条文说明

RAW 为原始影像格式，具有更广阔的后处理空间，可弥补现场拍摄的不足。如利用色卡校准色彩时，必须基于 RAW 格式影像进行色彩校准。

6.2 洞口摄站布置

6.2.1 洞口结构外表面影像采集宜分别在洞口仰拱顶和边仰坡上按 U 形布设基线，并包绕洞口，如图 6.2.1 所示。

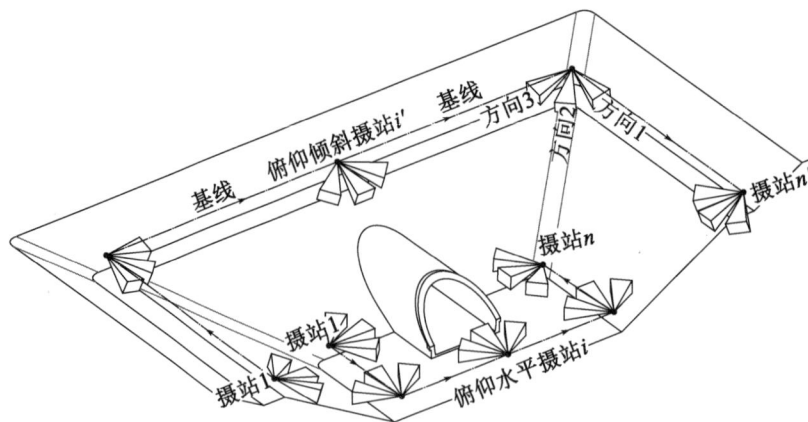

图 6.2.1 洞口摄站布置示意图

6.2.2 布设于洞口结构仰拱顶面的摄站，相机宜采用水平姿态拍摄；布设于边仰坡上的摄站，相机应采用向下俯仰姿态拍摄。

6.2.3 对洞口结构物表面存在的棱线、尖角等线形剧烈变化或平顺度要求较高的曲线曲面部分，应在洞口整体影像的基础上进行局部补摄。

条文说明

洞口结构环境开阔，光照良好，相机布置选择性较大，场景需符合现行国家标准《近景摄影测量规范》（GB/T 12979—2008）的要求，故按其对摄站布置、影像采集进行控制。洞口排水沟等结构较洞门结构相对较小，表面多为砂浆抹面或模筑混凝土材质，纹理特征不明显，需进行局部补摄以弥补模型精细度不足的问题。对于模型规则度和光滑度要求较高的结构，需在控制模型整体精度的前提下，对相应部位进行补摄。

6.3 洞内摄站布置

6.3.1 洞内摄站宜沿隧道纵向逐断面均匀布设，同一断面上摄站数应不少于 3 个。外侧 2 个摄站与拱脚距离应不小于 1m；中间摄站布置于断面中央；相邻摄站断面最小间距 D_c 宜按本规程表 B.3-1 ~ 表 B.3-3 取值，如图 6.3.1 所示。

6.3.2 相机位于外侧摄站点拍摄洞身时，应分别朝向洞口和掘进两个方向，以水平构图方式拍摄，如图 6.3.2 所示。相机每个朝向的方位角应按 φ_{max} 控制；首张影像应水平拍摄；相机拍摄第 i 张影像的俯仰角应按 θ_i 控制。φ_{max}、θ_i 宜按本规程表 B.3-1 ~ 表 B.3-3 取值。

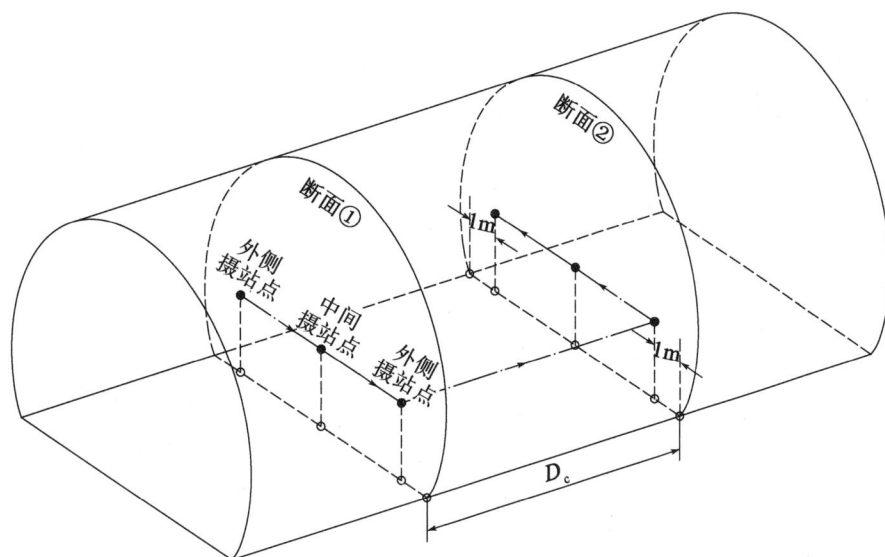

图 6.3.1 洞内摄站布置示意图

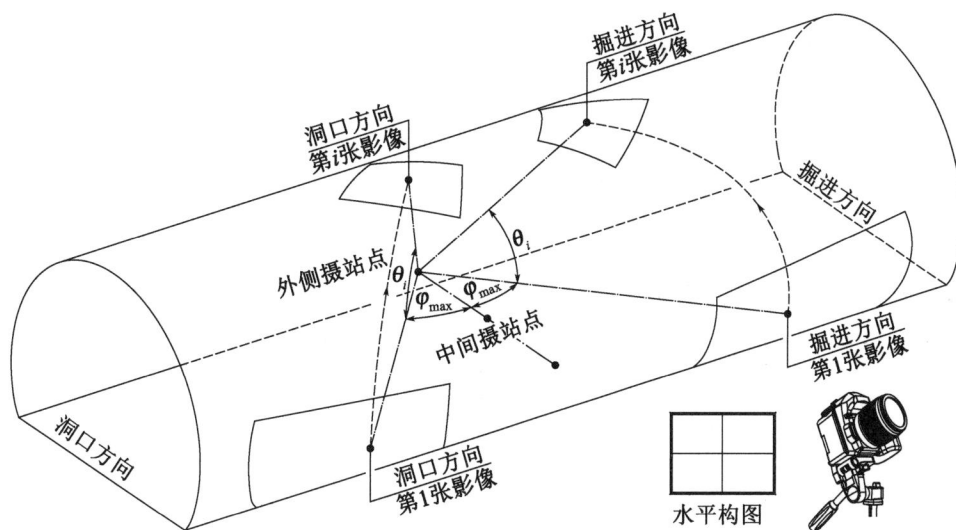

图 6.3.2 外侧摄站拍摄示意图

6.3.3 当相机位于中间摄站点拍摄洞身时（图 6.3.3），应分别朝向洞口和掘进两个方向，以竖直构图方式拍摄。相机每个朝向的方位角应取 90°；相机拍摄第 i 张影像俯仰角应按 θ_i' 控制，θ_i' 宜按本规程表 B.3-1 ~ 表 B.3-3 取值。

6.3.4 相机拍摄掌子面时，应以水平构图方式拍摄。外侧摄站点相机的方位角及俯仰角宜分别按 $90° - \varphi_{max}$、θ_i 控制；中间摄站点相机的方位角及俯仰角应分别按 90°、θ_i' 控制。φ_{max}、θ_i、θ_i' 宜按本规程表 B.3-1 ~ 表 B.3-3 取值。

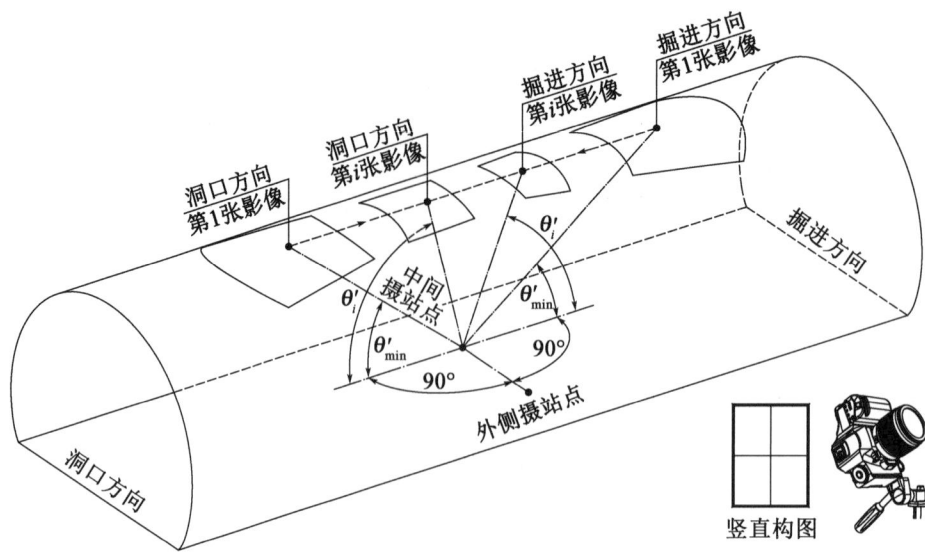

图 6.3.3　中间摄站拍摄示意图

条文说明

在隧道内进行摄影测量需克服以下问题：隧道内空间相对狭小视距受限，单幅影像覆盖率低；摄站空间分布、相机姿态与影像覆盖范围关系复杂，难以精准控制影像重叠率；传统设站方法只能通过增加摄站密度来保证影像重叠度，影像采集效率和技术实用性不高。

本规程采用的影像采集方法是：沿隧道纵向逐断面布设摄站，每个摄站均进行前后视向摄影。其中每个外侧摄站分别朝向掘进侧和洞口侧，沿环向采集 2 组边墙影像；每个中间摄站分别朝向掘进侧和洞口侧，沿纵向采集 2 组拱顶影像。

外侧摄站先朝向洞口或掘进侧，按预设方位角 φ_{max} 照准对侧边墙，自水平状态（$\theta=0°$）开始逐步调整相机俯仰角，其中第 i 张影像对应的俯仰角为 θ_i；再将相机调整至朝向掘进或洞口侧，按前述方法再次采集 1 组影像。每个断面的 2 个外侧摄站按同样方法各采集 2 组影像。

中间摄站先朝向洞口或掘进侧，调整方位角至与隧道一致，以 θ_1' 俯仰角开始逐步调整相机俯仰姿态，其中第 i 张影像对应的俯仰角为 θ_i'。再将相机调整至朝向掘进侧，按前述方法再次采集 1 组影像；每个断面的各中间摄站按同样方法分别采集 2 组影像。

上述方法对同一区域采用了前后视向摄影，增加了影像重叠度，减少了因隧道表面不平整引起的相互遮挡导致的影像信息缺失。

本规程通过相机姿态来控制影像重叠度。表 B.3-1 ~ 表 B.3-3 中给出的 θ_i、θ_i'、D_C 均是按每张影像覆盖的隧道表面积重叠度不少于 60% 进行数值计算而来。

6.3.5　现场应按以下方法对 φ_{max}、θ_i 进行控制：

1　在隧道边墙两侧喷涂断面里程标记 k、k'，标记高度与摄站高度基本一致，标记间距宜按摄站断面间距 D_C 控制。

2　在 k 或 k' 里程所在断面外侧摄站点设置相机，将云台置为水平，调整云台方位角，使照准激光投射于标记 k' 或 k 处。

3　通过云台水平度盘控制相机水平旋转 $180°$，若光斑与标记 k 大致重合，则设站完成，否则应沿隧道纵向调整设摄位置。

4　通过云台水平度盘控制相机水平旋转 φ_{max}，完成方位角控制。

5　通过云台竖直度盘控制相机依次竖直旋转 θ_i，完成每张影像相应的俯仰角控制。

6.3.6　现场应按以下方法对 θ_i' 进行控制：

1　在两侧边墙断面标记 k、k' 连线中央设置相机，将相机云台置为水平。

2　调整云台方位角，使照准激光投射于标记 k 或 k' 处。

3　通过云台水平度盘控制相机水平旋转 $180°$，若光斑与标记 k' 或 k 大致重合，则设站完成，否则应沿隧道纵向调整设摄位置。

4　通过云台水平度盘控制相机水平旋转 $90°$，使相机朝向洞口侧或掘进侧；调整云台俯仰角，使激光投射于位于该侧最近的一个拱顶中央像控点。

5　通过云台水平度盘控制相机水平旋转 $180°$，适当调整竖直度盘，若激光能与掘进侧或洞口侧拱顶中央像控点大致重合，则设站完成，否则应沿隧道跨度方向调整设站位置。

6　当激光投射点同时满足上述第 3、5 款要求时，则完成方位角控制。

7　通过云台竖直度盘控制相机俯仰角至 θ_1'，再依次竖直旋转 θ_i'，完成每张影像相应的俯仰角控制。

6.4　摄影作业

6.4.1　正式摄影作业前，应确保镜头设置为手动对焦模式，并按本规程附录 B 中表 B.3-1 ~ 表 B.3-3 的要求设置相机光圈值（参数 F）。

条文说明

定焦镜头在标定时对焦点被设为无穷远，焦距已被锁定，当被拍摄对象处于最小镜头对焦距离之外时，拍摄的影像都是清晰的。但隧道内空间受限，镜头距离隧道结构物较近，当拍摄对象处于镜头最小对焦距离之内时，且镜头对焦环已被锁定，无法微调焦距进行对焦，因而可能导致成像模糊的问题。由于光圈值对镜头标定影响不大，对此可在不改变焦距、物距的前提下，通过设置光圈大小、控制成像景深的方法来保证成像清晰。

根据摄影理论，镜头的最小对焦距离计算公式为：

$$D_{min} = \frac{f^2}{1000\delta \cdot F} \tag{6-1}$$

式中：D_{min}——最小对焦距离（m）；

f——镜头实际焦距（mm）；

δ——弥散圆直径（mm），根据相机传感器类别按表6-1取值；

F——镜头光圈系数。

表6-1　常用相机传感器弥散圆直径

相机传感器类型	全画幅	APS-C	M4/3
弥散圆直径（mm）	0.0297	0.0186	0.0149

表B.3-1～表B.3-3中的F值是先计算出相机成像范围内隧道表面所有点与摄站点的距离，再取最小值作为D_{min}，最后利用式（6-1）反算而来。

6.4.2　摄影作业前，宜按以下要求现场测定曝光参数初始值，再试拍确定最佳曝光参数。

1　在隧道已施作初期支护、二次衬砌的安全区域应采用测光表的入射测光模式测定曝光参数初始值。测光表应置于被摄物体前方，测光球朝向相机镜头。

2　在隧道掌子面、洞身未支护等危险区域应采用测光表的反射测光模式测定曝光参数初始值。测光表应置于镜头前方，测光镜头朝向被摄物体，并在已支护区域内采集影像。

3　当不具备精确测光条件时，可按本规程附录D要求结合现场确定曝光参数初始值。

条文说明

曝光参数估算和试拍是为了提升现场影像拍摄效率。测光表可以准确测量光照强度并获得正确的相机曝光参数。在不具备精确测光的条件下，也可按附录D的要求估算出曝光指数后确定相机曝光参数组合。试拍则是对预设曝光参数的验证和调整，通过调整后确定最佳曝光参数。

6.4.3　摄影作业前，应在相机拍摄范围内放置色卡，并满足以下要求：

1　色卡宜在靠近相机的拱脚、边墙等处放置。

2　色卡放置时应贴近隧道洞身、掌子面，色卡面朝向相机镜头。

3　在相机分别朝向掘进侧和洞口侧拍摄的影像中，应至少各有1张影像包含色卡。

6.4.4　当隧道洞身、掌子面存在渗水反光时，宜在镜头前加装偏光滤镜。

条文说明

隧道洞身、掌子面大面积渗水可能会在影像上形成反光的高光区，影像细节缺失。偏光滤镜的作用是过滤掉反光。

6.4.5 相机完成取景后应按图6.4.5所示方法安装接目镜盖。

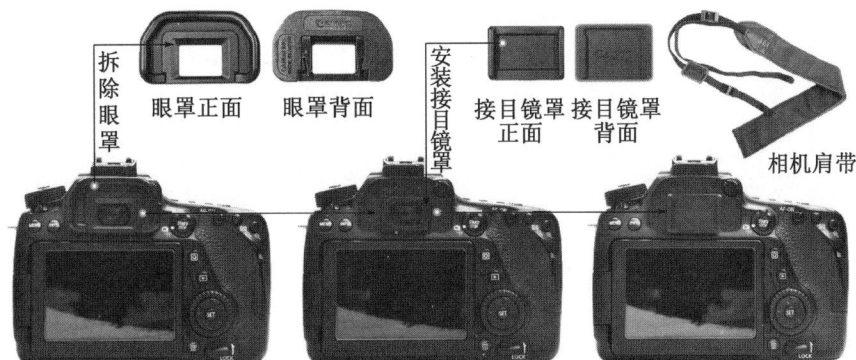

图6.4.5 接目镜盖安装

条文说明

取景时，光线通过镜头经五棱镜和反光板反射至人眼［图6-1a)］。相机长曝光拍摄时，反光板抬起［图6-1b)］，五棱镜与传感器之间并非完全密封，环境杂散光可通过五棱镜反射至传感器上，对拍摄影像造成干扰。接目镜盖可屏蔽杂散光从取景器窗口进入相机内部，保证成像质量。接目镜盖一般固定于图6.4.5所示的相机肩带上。

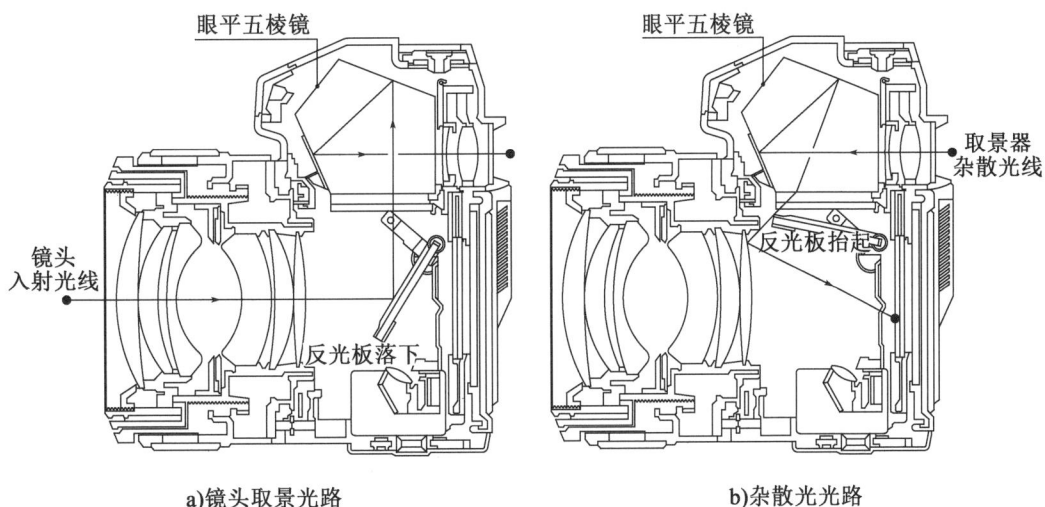

a)镜头取景光路　　　b)杂散光光路

图6-1 镜头取景和受扰时光路示意

6.4.6 逆光拍摄时应采用包围曝光模式拍摄，并通过HDR技术影像预处理。

条文说明

逆光拍摄时，场景中明暗变化较大，单张影像难以同时记录场景中暗处和亮处细节。包围曝光可对同一场景拍摄多张由亮到暗的影像序列：较亮的影像记录暗处细节；较暗的影像记录亮处细节。HDR技术则可将这些影像序列叠加，生成真实还原场景明暗细节的一张影像。

6.4.7 隧道洞身存在大面积阴影和低光照条件下，摄影现场应采用 LED 光源进行柔散补光。

条文说明

隧道洞身表面凹凸起伏过大时，背光面会出现阴影，导致影像中的隧道洞身表面细节缺失，因此需对阴影区进行柔散补光。但在补光过程中，应注意勿将光源朝向相机镜头。

6.5 影像质量现场检查

6.5.1 摄影作业后应在现场检查影像数量及其完整性。

6.5.2 应及时检查影像的曝光度、饱和度、对比度和锐度是否适中，纹理是否清晰。

6.5.3 影像应轮廓清晰、层次分明，对于出现拖影、测区缺失的应及时进行补摄。

6.5.4 像控点标志影像应可识别。

6.5.5 影像质量不满足以上要求时，应在现场及时补摄。

7　数字模型制作

7.1　一般规定

7.1.1　影像处理软件应满足下列要求：

1　支持摄影影像数据的空中三角测量。

2　支持 DEM、DOM 等数字产品生产。

3　支持三维模型构建与数据交互。

条文说明

实际生产中需要 DSM、DEM、DOM 等数字产品和三维模型。三维模型数据交互是指在不同的三维建模软件之间传输和共享三维模型数据的过程。通过三维模型数据交互方法解决不同软件之间的数据格式不同、数据结构不同等问题。一种是使用通用的三维模型格式，例如 OBJ、STL、COLLADA 等；一种是使用专门为某个软件或领域设计的格式，通过专门的转换工具将数据从一个软件转换到另一个软件。

7.1.2　硬件配置宜符合下列要求：

1　系统内存不低于 64GB。

2　算力不低于 2.6T FLOPS。

3　显存不低于 8GB。

4　硬盘容量宜为 2TB。

条文说明

图形工作站可为对计算和渲染任务提供快速、稳定的工作环境。本规程的硬件配置参考小范围建模的图形工作站确定。

7.1.3　数字模型建成后检查点数量应不少于像控点数量的 5%。

7.2　影像预处理

7.2.1　影像预处理前，应对测区影像文件、相机参数文件和测区像控点文件的完整性进行检查。

条文说明

相机参数文件主要包括影像传感器尺寸、像元尺寸、焦距、标定参数等。测区像控点文件包括平面和高程系统、控制点坐标。

7.2.2 影像重叠度应满足不小于60%的要求。

条文说明

重叠度指标参考了国家标准《工程摄影测量规范》（GB 50167—2014）第7.3.9条对多基线摄影的规定，并结合现场试验确定。

7.2.3 原始影像的亮度、色彩等不满足要求时应进行校正。

条文说明

曝光不均匀、影像偏色等缺陷，会导致数字模型存在色彩斑块、同一对象两种色调等问题，从而影响地质解译，因此需要预先对影像亮度、色彩进行校正，步骤如下：

（1）按第6.4.3条要求布置色卡并拍摄包含色卡的RAW格式影像。

（2）利用色彩校准软件，对照色卡中各色块位置和颜色，提取影像中的色卡相应位置色块颜色。

（3）软件将影像中提取的颜色与相应的标准颜色进行比对，计算相机的颜色校正参数。

（4）将颜色校正参数应用到待校准其他影像，完成对影像曝光、色彩的校正。

7.3 空中三角测量

7.3.1 连接点宜自动匹配获得，当自动匹配困难时，应人工加刺，每个像对连接点应分布均匀，连接点数目不宜少于30个。相对定向连接点上下视差中误差应不大于1/2个像素，连接点上下视差最大残差应不大于1个像素，自由网平差后像点坐标残差应不大于2个像素。

7.3.2 应参考像控点标志编号进行像控点像点坐标量测。

7.3.3 绝对定向区域网平差后加密点对邻近控制点的平面位置和高程中误差应小于15mm，基本定向点残差应不大于加密点中误差的0.75倍；检查点的不符值应不大于30mm。

条文说明

国家标准《工程摄影测量规范》（GB 50167—2014）中第3.3.10条规定的精度应达到厘米级；第4.5.1条条文说明根据实践和理论的分析，提出了加密点相对于邻近等级控制点的误差不得超过总误差的1/3。

当存在控制点精度超限时，可以对刺点界面调整，确定刺点无误后，物方残差很大的控制点可能是测量误差超限。出现错误控制点或像控点会影响网形且不可逆。相机参数不准确也会导致控制点残差很大，以中心向四周弧状分布，越靠近边缘残差越大。

7.4 模型构建

7.4.1 空中三角测量完成后，应进行多视影像匹配、滤波和均匀化等处理，得到数据特征信息完整的高精度密集点云。

条文说明

空三后生成的点云数据通过多种算法，包括带共线条件约束的多片最小二乘影像匹配法MPGC、基于多基元多影像匹配法MPM、基于物方面元的多视立体匹配算法PMVS等进行多视影像密集匹配获得密集点云，匹配效果不佳或存在遮挡会导致密集点云出现空洞。

密集点云通过各种滤波将噪声减弱和消除，实现模型边界清晰、地面点与非地面点的分离和点云数据均匀分布。滤波分为低通滤波、高通滤波、中值滤波移动曲面拟合法等。

7.4.2 密集点云应进行三角网格化和纹理映射得到三维网格模型。

条文说明

为实现实景三维模型的真实感，使其符合人眼的视觉习惯，需要对多视影像密集匹配后得到的密集点云进行三角网格化。首先进行网格初始化得到种子三角形，再基于最优点位于网格生长方向的约束条件下进行三角网格化算法，进行网格生长，得到真三维网格。最后对真三维网格上的空洞进行修补，得到最终的网格模型。

纹理映射是先根据影像坐标系与纹理坐标系间的关系，得到点的纹理坐标，再通过共线方程将二维影像的纹理空间点与三维模型上的三维空间点建立一一对应的关系，并将其纹理信息映射到三维模型的表面，使实景三维模型具有真实纹理信息及视觉效果。

7.4.3 生成正式模型前，应对三维网格模型进行修编处理，包括结构修编与纹理修编。模型结构修复可通过辅助建模方法或补拍影像重新构模；模型纹理修复可采用更换影像和编辑影像两种方法。

7.4.4 数字模型的纹理分辨率要求不低于 0.02m。

7.4.5 数字模型成果输出应满足下列要求：

1 模型的范围应沿隧道纵向采集范围应超出被测区域 0.5C，C 为像控点标志沿隧道纵向布设间距。

2 瓦片切块后单个瓦片所占用内存应不超过设备内存 1/2。

3 瓦块可按"序列号—行序号—列序号"方式命名，序列号宜命名为"Tile"形式。行列序号增长方向应分别与 X 轴、Y 轴正方向一致，长度宜为 3 位，加"＋"代表正方向，加"－"代表负方向。

4 各阶段模型连接时，应保证瓦块尺寸、接边距离、划块原点和模型原点等参数一致。

条文说明

瓦块尺寸大小影响软件运行计算速度，瓦块尺寸越大，运行所需内存越多，对电脑硬件的要求越高，如果单个瓦块的大小超过设备内存 1/2，易引起电脑无响应。瓦块的命名方式例子为："Tile_＋023_－012""Tile_＋033_＋011"。通过原点的划分来确定分块模型的位置，方便与多个模型的融合。融合时要预留出接边距离，以便两个模型按重合区域进行接边。将不同的坐标系通过参数转换，并设置好中央子午线带数，纳入同一个坐标系以方便数据解算。

7.5 模型检查

7.5.1 模型中的检查点与实测点坐标分量较差应不超过 30mm。

7.5.2 检查内容应包括模型的完整性、纹理的准确性和协调性、接边处色差等，主要目标物不应有空洞、起伏、扭曲、碎片、漂浮物等。

条文说明

根据模型校验需要，检查点与像控点同步进行布设和测量。模型校验时，检查点在实地实测点位与生产模型上的检查点坐标分量较差是小于 30mm。在点云数据自动识别和提取和数据处理的过程中，模型会出现裂缝空洞，纹理变形导致精度变差，可通过检查模型的完整性来避免。

7.6 成果整理

7.6.1 项目完成后整理归档的资料应包括下列内容：

    1   资料清单目录。

    2   技术设计书。

    3   相机检校文件。

    4   原始影像和影像覆盖示意图。

    5   像控点影像及其分布图。

    6   像控点测量资料。

    7   产品成果资料。

    8   检查资料。

    9   技术报告书。

    10   合同和任务书约定的其他产品成果。

7.6.2   相机检校文件包括像幅高度和宽度、焦距、像主点坐标、切向与径向畸变参数等。

7.6.3   像控点测量资料应包括测量方案、原始记录、成果报告等。

7.6.4   产品成果资料主要包括 DEM、DSM、DOM 和三维数字模型等。

8 数字模型应用要求

8.1 一般规定

8.1.1 数字模型可应用于隧道工程中洞口地形地貌三维重建、洞口结构物测量、衬砌表观检核、洞身开挖检核、洞内地质编录及洞内炮孔数量与位置检核等。

8.1.2 洞口数字模型成果应包含洞口结构物及局部地形地貌的平面、立面、剖面图等。

8.1.3 衬砌表观检核成果应包含洞身展平影像，并对缺陷进行标识。

8.1.4 洞身开挖检核的成果应包含洞身展平超欠挖分布云图和实测断面图。

8.1.5 用于洞内地质编录的数字模型成果应包含掌子面正射影像和洞身展平影像，并根据成果纹理对地质进行解译和编录。

8.1.6 数字模型成果应用于洞内炮孔数量及位置检核时，应制作掌子面正射影像，并根据成果纹理对炮孔类别进行分类和孔距均匀性评估。

8.2 洞口数字模型应用要求

8.2.1 洞口数字模型应用于洞口高陡区域局部地形地貌、洞门、边仰坡及其附属结构的测量和洞口区域的红线勘测。

条文说明

飞行器在洞口高陡地形区需提升航高以保证飞行安全，模型分辨率不高。图8-1a）为采用航空摄影测量生成的模型，仅能辨识洞门结构大致轮廓；图8-1b）为近景摄影测量生成的模型，其能分辨地表的微小起伏。

8.2.2 洞口数字模型应具备结构完整的内外表面轮廓和纹理，并与洞内数字模型准确衔接。

a)航测模型　　　　　　　　　　　　b)近景摄影测量模型

图 8-1　航测模型与近景摄影测量模型精细度对比

条文说明

　　洞口数字模型外表面包含洞口地形以及洞口外露结构；内表面包含衬砌外露面。内外表面将地形地貌、洞口结构与隧道内部衬砌结构进行连接，保证模型完整性，如图 8-2 所示。

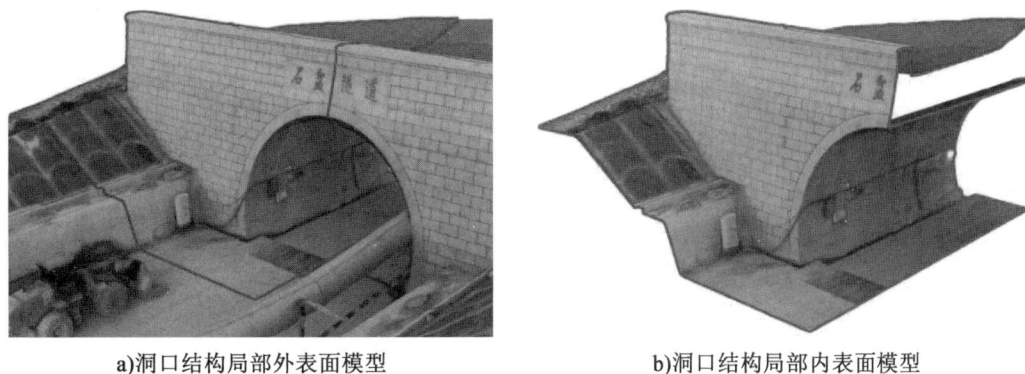

a)洞口结构局部外表面模型　　　　　　b)洞口结构局部内表面模型

图 8-2　洞口结构内外表面模型

8.2.3　洞口数字模型应按以下要求设立并转换至独立坐标系：

　　1　独立坐标系 $o\text{-}xyz$ 设为右手系，原点设于洞口里程所在断面内最大跨度点连线中心，如图 8.2.3 所示。

　　2　z 轴指向里程递增方向，x 轴水平且指向里程递增方向左侧。

　　3　在 xoy 平面内的隧道设计断面轮廓上选取 4 个及以上特征点，按式（8.2.3-1）计算坐标变换参数。

　　4　按式（8.2.3-2）对洞口数字模型中 4 个及以上像控点坐标进行坐标转换。

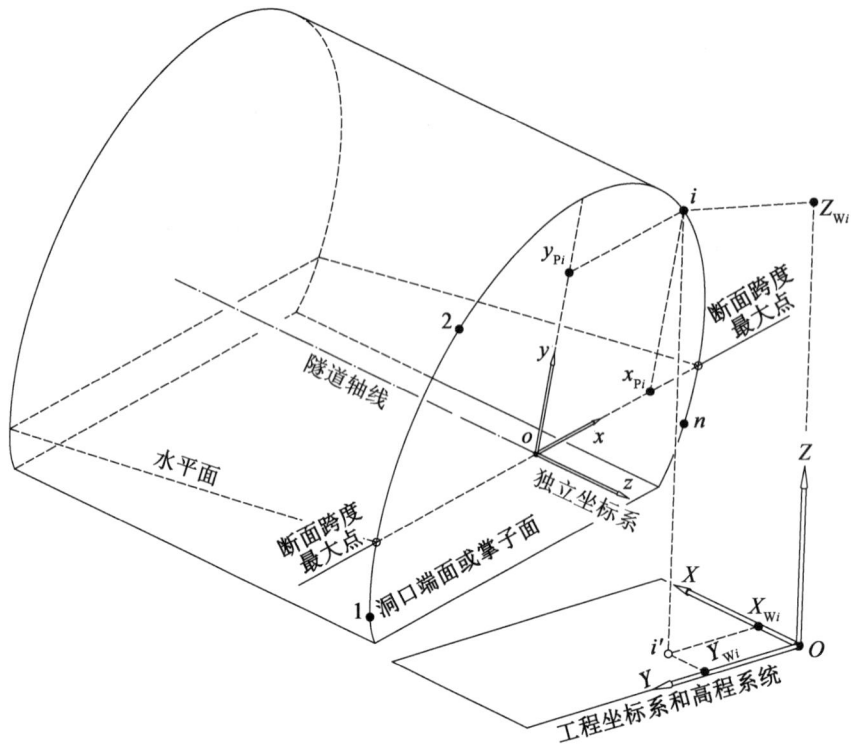

图 8.2.3　独立坐标系布设示意图

$$T = - \begin{bmatrix} X_{Wo} \\ Y_{Wo} \\ Z_{Wo} \end{bmatrix}$$

$$R = \left(\begin{bmatrix} x_{P1} & \cdots & x_{Pn} \\ y_{P1} & \cdots & y_{Pn} \\ z_{P1} & \cdots & z_{Pn} \end{bmatrix} - T \right) \times \begin{bmatrix} X_{W1} & \cdots & X_{Wn} \\ Y_{W1} & \cdots & Y_{Wn} \\ Z_{W1} & \cdots & Z_{Wn} \end{bmatrix}^T \times \left. \left(\begin{bmatrix} X_{W1} & \cdots & X_{Wn} \\ Y_{W1} & \cdots & Y_{Wn} \\ Z_{W1} & \cdots & Z_{Wn} \end{bmatrix} \times \begin{bmatrix} X_{W1} & \cdots & X_{Wn} \\ Y_{W1} & \cdots & Y_{Wn} \\ Z_{W1} & \cdots & Z_{Wn} \end{bmatrix}^T \right)^{-1} \right\} \quad (8.2.3\text{-}1)$$

$$\begin{bmatrix} x_{Pcj} \\ y_{Pcj} \\ z_{Pcj} \end{bmatrix} = R \times \begin{bmatrix} X_{Wcj} \\ Y_{Wcj} \\ Z_{Wcj} \end{bmatrix} + T \quad (8.2.3\text{-}2)$$

式中：　　　X_{Wo}、Y_{Wo}、Z_{Wo}——独立坐标系原点在工程坐标系和高程系统中的坐标值；

x_{Pi}、y_{Pi}、z_{Pi}（$4 \leqslant i \leqslant n$）——独立坐标系下，第 i 个特征点坐标值；

X_{Wi}、Y_{Wi}、Z_{Wi}（$4 \leqslant i \leqslant n$）——工程坐标系和高程系统下，第 i 个特征点坐标值；

x_{Pcj}、y_{Pcj}、z_{Pcj}（$4 \leqslant j \leqslant m$）——独立坐标系下，第 j 个像控点坐标转换值；

X_{Wci}、Y_{Wci}、Z_{Wci}（$4 \leqslant j \leqslant m$）——工程坐标系和高程系统下，第 j 个像控点坐标测量值；

T——坐标系变换平移矩阵；

R——坐标系变换旋转矩阵。

— 36 —

条文说明

数字模型构建是以工程坐标系和高程系统为参考,利用全站仪测量的像控点坐标进行定向。但隧道轴线方位角和纵坡方向并不与参考系各轴方向一致,因此无法直接生成沿隧道各结构的三视投影影像。故需在数字模型中建立独立坐标系,并对像控点坐标进行变换,将模型重新定向,使坐标系各轴与模型各视投影方向一致。

式(8.2.3-1)是基于坐标变换的方程得出。断面轮廓上的特征点在独立坐标系中的坐标值可由图纸尺寸得出;相应的工程坐标系和高程系统坐标值可通过线路参数计算得出。因此独立坐标系原点相对于工程坐标系和高程系统坐标值(即坐标系平移)为已知,且独立坐标系中原点坐标为已知,即 $x_{Po} = y_{Po} = z_{Po} = 0$,故可建立以下方程:

$$\left.\begin{array}{c}\begin{bmatrix} x_{P1} & \cdots & x_{Pn} \\ y_{P1} & \cdots & y_{Pn} \\ z_{P1} & \cdots & z_{Pn} \end{bmatrix} = \boldsymbol{R} \times \begin{bmatrix} X_{W1} & \cdots & X_{Wn} \\ Y_{W1} & \cdots & Y_{Wn} \\ Z_{W1} & \cdots & Z_{Wn} \end{bmatrix} + \boldsymbol{T} \\ \\ \boldsymbol{T} = \begin{bmatrix} x_{Po} - X_{Wo} \\ y_{Po} - Y_{Wo} \\ z_{Po} - Z_{Wo} \end{bmatrix} = \begin{bmatrix} 0 - X_{Wo} \\ 0 - Y_{Wo} \\ 0 - Z_{Wo} \end{bmatrix} = -\begin{bmatrix} X_{Wo} \\ Y_{Wo} \\ Z_{Wo} \end{bmatrix} \end{array}\right\} \quad (8\text{-}1)$$

式(8-1)至少需要 3 个点可以唯一确定旋转矩阵 $\boldsymbol{R}$,但考虑尺寸度量、坐标计算精度的截断误差,需设置冗余项来减少误差,因此需要不少于 4 个特征点来计算旋转矩阵 $\boldsymbol{R}$。式(8.2.3-1)给出的是最小二乘最优解,计算过程如下。

由式(8.2.3-1)有:

$$\begin{bmatrix} x_{P1} & \cdots & x_{Pn} \\ y_{P1} & \cdots & y_{Pn} \\ z_{P1} & \cdots & z_{Pn} \end{bmatrix}_{3 \times n} - \boldsymbol{T} = \boldsymbol{R}_{3 \times 3} \times \begin{bmatrix} X_{W1} & \cdots & X_{Wn} \\ Y_{W1} & \cdots & Y_{Wn} \\ Z_{W1} & \cdots & Z_{Wn} \end{bmatrix}_{3 \times n}$$

将上式两边同时右乘平面坐标系和高程系坐标值矩阵的转置:

$$\left(\begin{bmatrix} x_{P1} & \cdots & x_{Pn} \\ y_{P1} & \cdots & y_{Pn} \\ z_{P1} & \cdots & z_{Pn} \end{bmatrix}_{3 \times n} - \boldsymbol{T}\right) \times \begin{bmatrix} X_{W1} & \cdots & X_{Wn} \\ Y_{W1} & \cdots & Y_{Wn} \\ Z_{W1} & \cdots & Z_{Wn} \end{bmatrix}_{n \times 3}^{\mathrm{T}} = \boldsymbol{R}_{3 \times 3} \times \begin{bmatrix} X_{W1} & \cdots & X_{Wn} \\ Y_{W1} & \cdots & Y_{Wn} \\ Z_{W1} & \cdots & Z_{Wn} \end{bmatrix}_{3 \times n} \times \begin{bmatrix} X_{W1} & \cdots & X_{Wn} \\ Y_{W1} & \cdots & Y_{Wn} \\ Z_{W1} & \cdots & Z_{Wn} \end{bmatrix}_{n \times 3}^{\mathrm{T}}$$

上式中 $\boldsymbol{R}$ 右连乘的矩阵为 3×3 方阵,因此在等式两边同时右乘其逆矩阵即为旋转矩阵 $\boldsymbol{R}$ 表达式。式(8.2.3-2)是利用式(8.2.3-1)计算的坐标变换参数 $\boldsymbol{R}$、$\boldsymbol{T}$ 将像控点坐标进行转化。由于数字模型定向依赖于像控点所属坐标系,因此将像控点转换后,数字模型整体也转换至独立坐标系下,从而满足数字模型三视投影条件。理论上至少需要 3 个像控点可完成模型在独立坐标系下的定向,但考虑像控点坐标的测量误差,因此需要不少于 4 个像控点来对模型进行重新定向。

8.2.4 数字模型应按转换至独立坐标系后的像控点重新定向,并制作洞口结构平面图、正立面图、纵剖面图、空间示意图等成果,如图 8.2.4 所示。

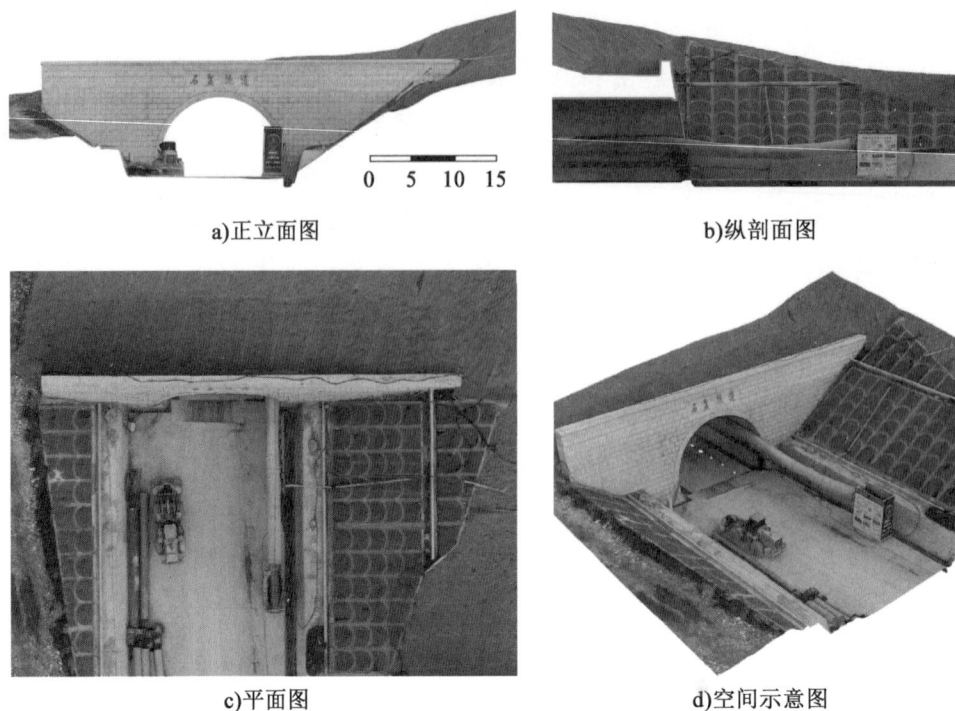

a)正立面图   b)纵剖面图

c)平面图   d)空间示意图

图 8.2.4 洞口结构数字模型成果

8.2.5 数字模型的重新定向可在原模型基础上进行修改，但应将修改后的文件进行另存。

条文说明

  在数字模型构建阶段，像控点在影像的中的位置已通过刺点确定，不会因为像控点坐标值的修改而变动，因此可直接在原模型基础上进行坐标修改。修改后文件另存的方式可避免重新定向的模型覆盖原模型。

8.3 洞身数字模型应用要求

8.3.1 洞身数字模型可应用于初期支护表观检核、断面超欠挖检核以及二次衬砌表观检核。

8.3.2 洞身数字模型应制作洞身展平影像，并注明影像中的特征及展平坐标系坐标，如图 8.3.2 所示。

条文说明

  目前对隧道洞身衬砌结构的测量成果大都只包含超欠挖数据，未记录表面纹理信息。摄影测量在实现隧道衬砌结构超欠挖测量的同时，亦可真实记录表面纹理信息，对于衬砌裂缝、变形、渗漏水等病害的及时发现和整治具有较强指导意义。

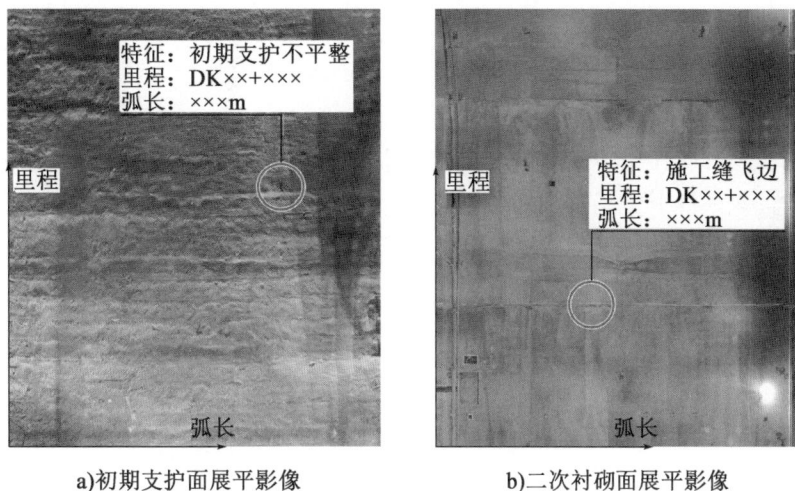

a)初期支护面展平影像   b)二次衬砌面展平影像

图8.3.2 洞身展平影像

空间数字模型虽然形象直观，但需特定软件运行，文件尺寸较大；受曲面遮挡影响，难以全面掌握纹理特征，可度量性差。将衬砌数字模型展平后不存在遮挡问题，便于查找纹理特征具体分布，故采用展平后纹理影像进行特征解译。

隧道衬砌表面为柱面，属可展曲面，经柱面展开变换的展平影像变形率小，可直接从图中读取其特征的里程（纵坐标 Z）和弧长（横坐标 S）信息，经坐标换算后，可以得到影像上特征的空间位置，如图8-3所示。

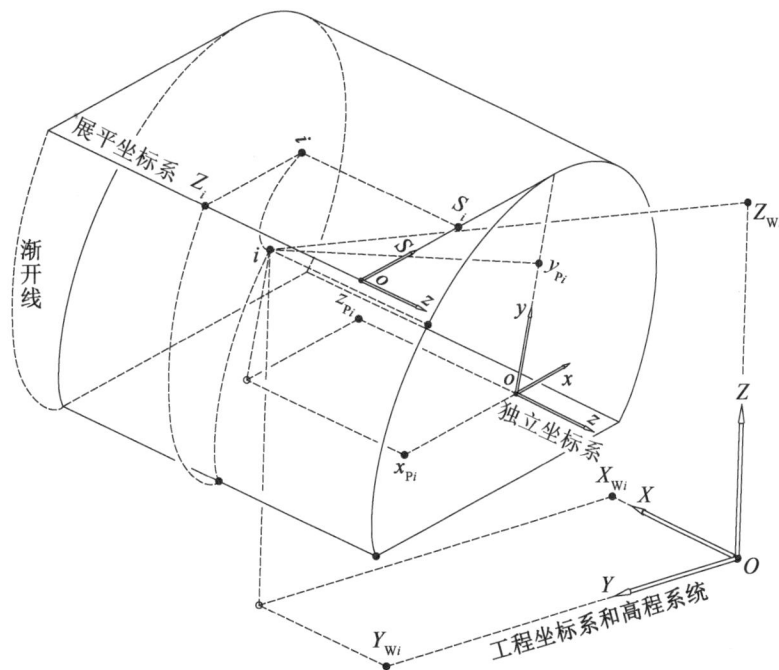

图8-3 展平坐标系原理

8.3.3 洞身数字模型中的特征点可按以下方法转化至展平坐标系：

1 按本规程第 8.2.3 条规定将特征点坐标从工程坐标系和高程系统转化至独立坐标系。

2 按本规程式（B-10）将特征点坐标从独立坐标系转化至展平坐标系。

8.3.4 洞身展平影像中特征点可按以下方法恢复至工程坐标系和高程系统：

1 按本规程式（B-10）将特征点坐标从展平坐标系恢复至独立坐标系。

2 按式（8.3.4）将特征点坐标从独立坐标系转换至工程坐标系和高程系统。

$$\begin{bmatrix} X_{W1} & \cdots & X_{Wn} \\ Y_{W1} & \cdots & Y_{Wn} \\ Z_{W1} & \cdots & Z_{Wn} \end{bmatrix} = \boldsymbol{R}^{-1} \times \left(\begin{bmatrix} x_{P1} & \cdots & x_{Pn} \\ y_{P1} & \cdots & y_{Pn} \\ z_{P1} & \cdots & z_{Pn} \end{bmatrix} - \boldsymbol{T} \right) \tag{8.3.4}$$

式中：x_{Pi}、y_{Pi}、z_{Pi}（$4 \leq i \leq n$）——独立坐标系下，洞身展平影像中第 i 个特征点坐标值；

X_{Wi}、Y_{Wi}、Z_{Wi}（$4 \leq i \leq n$）——工程坐标系和高程系统下，洞身展平影像中第 i 个特征点坐标值；

$\boldsymbol{T}$——坐标系变换平移矩阵，由式（8.2.3-1）确定；

$\boldsymbol{R}$——坐标系变换旋转矩阵，由式（8.2.3-1）确定。

8.3.5 利用洞身数字模型对开挖、初期支护进行超欠挖分析时，点云模型宜优先选择 LAS 格式输出；表面模型输出前应预先对模型进行大数平移，大数 ΔC 及平移后的坐标 C_i' 应按式（8.3.5）确定。

$$\left. \begin{aligned} C_i' &= C_i + \Delta C \\ \Delta C &= - \left[\frac{\min(C_i)}{10^n} \right] \times 10^n \\ n &= \left[\lg \Delta \right] + 1 \\ \Delta &= \max(C_i) - \min(C_i) \end{aligned} \right\} \tag{8.3.5}$$

式中：C_i——平移前各点工程坐标系或高程系统坐标分量；

ΔC——各点工程坐标系和高程系统坐标分量平移量；

C_i'——平移后各点的独立坐标系的坐标分量。

条文说明

数字模型输出类型宜选用点云模型，再经分析软件对点云处理并建立网格。原因是倾斜摄影软件对点云处理能力有限；专业的点云处理软件可对点云进行降噪，建立更为精确的曲面。点云模型输出推荐采用 LAS 格式，可兼容目前大部分倾斜摄影软件输出格式和点云处理软件输入格式的要求。

当采用表面模型输出时，推荐预先将模型在工程坐标系和高程系统的原点进行平移，原因是某些分析软件的三维（3D）编辑器会将输出模型的坐标值截断到 8 位左右，由于精度的原因会导致模型坐标出现较大偏差，从而使其碎解为不连续瓦片 [图 8-4a)]。例如原模型中某点坐标为（3189050.688，450876.549），若坐标值被 3D 编辑器截断至 8 位，则坐标变为（3189050.7，450876.55），这将导致（3189050.671，450876.554）与（3189050.688，450876.549）归并为同一个点，这种类似于滤波的行为将会导致模型出现锯齿状。若将模型进行大数平移，如 X 坐标减去 3189000，Y 坐标减去 450800，则坐标简化为（50.688，76.549），保留的数据位数未超出截止范围，精度提升，表面连续 [图 8-4b)]。表面模型的平移意味着用以对比的设计模型也需要平移。

a)输出前未平移   b)输出前已平移

图 8-4 表面模型输出对比

坐标平移大数 ΔC 表达式中，是对所有点的 X（Y 或 Z）坐标值分别进行处理，取决于平移前坐标值极差与最小值，旨在去除坐标值中相同数量级的成分：式中 Δ 表征的是数值的极差，min 函数则考虑的是极差超过 1 个数量级时，已经没有相同数量级成分，则平移大数为 0。

8.3.6 用于超欠挖分析的参考曲面可在在工程坐标系和高程系统下，由其断面设计轮廓沿线路进行扫略生成。表面模型输出预设了大数平移的，参考曲面也应进行大数平移。

条文说明

用于洞身超欠挖分析参考曲面为隧道的设计曲面，是衡量洞身超欠挖的基准。本条明确了设计曲面的生成方法，应将设计断面轮廓垂直于线路轴线布置。对于纵坡不大的隧道，因断面倾斜引起的洞身净高变化不大，施工时多将隧道断面垂直于水平面布设以便于计算洞身尺寸；当纵坡较大时，垂直于线路布置断面和垂直于水平面布置断面两种方式引起的误差则不能忽略，原因是按图 8-5 中洞身斜高来控制洞身净高实际上是小于设计断面的。因此为满足不同纵坡隧道的超欠挖测量的要求，同时也在建模阶段消除不必要的误差，本规程明确断面轮廓应垂直于线路布设。

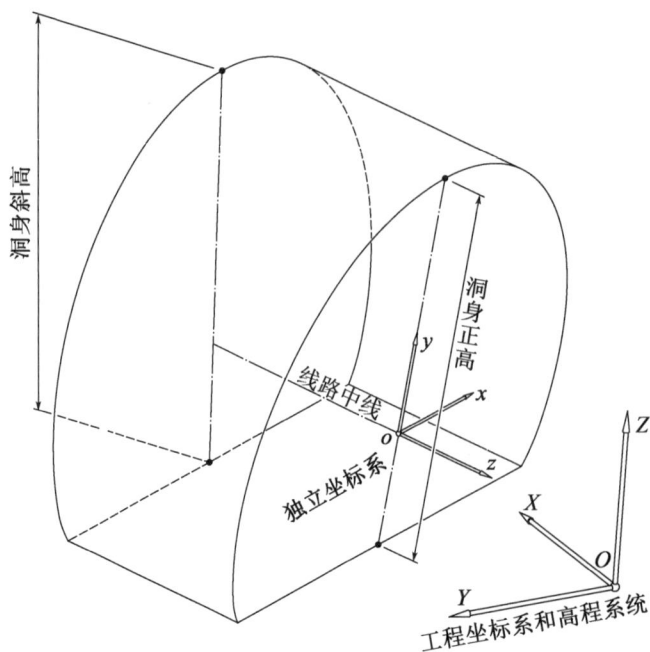

图 8-5 两种断面轮廓区别示意

8.4 掌子面数字模型应用要求

8.4.1 掌子面炮孔位置和间距可在数字模型或正射影像中进行检核。

条文说明

采用数字模型或掌子面正射影像对掌子面爆破前周边眼、掏槽眼、辅助眼等空间分布进行测量，以辅助优化爆破参数。

8.4.2 掌子面正射影像的制作和保存应满足以下要求：
1 按本规程第 8.2.3 条规定将数字模型转换至独立坐标系并重新定向。
2 按本规程第 8.2.5 条规定对数字模型进行保存。
3 掌子面正射影像输出为 TIFF 格式文件，影像上的像控点应采用工程坐标系和高程系统坐标值。

条文说明

正射影像输出为 TIFF 格式是为了保存影像中各点的空间位置信息。同时兼顾成果导入 GIS 的需要，故采用工程坐标系和高程系统下像控点坐标值，将影像中各点坐标转化至统一坐标系统。

8.4.3 利用 TIFF 影像进行炮孔位置和间距测量时，应在影像上标明周边眼、掏槽眼、辅助眼关键孔位及比例尺，并统计和分析评估炮眼间距分布情况，如图8.4.3所示。

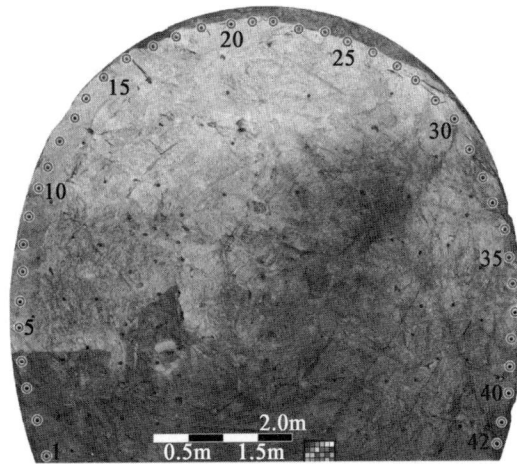

图 8.4.3 掌子面炮孔位置和间距测量

条文说明

对炮孔间距进行统计评估的方法如下：

先根据影像测量的周边眼间距 s，依次计算周边眼间距平均值 μ、标准差 σ 和变异系数 c_v，并按 $|s-\mu|$ 进行升序排序，如表8-1所示。

表 8-1 炮孔位置和间距测量统计分析表

间距编号	s (mm)	$|s-\mu|$ (mm)	μ (mm)	σ (mm)	c_v (%)
1、2	533.5	132.8			
20、21	306.2	94.5			
30、31	494.1	93.4			
4、5	493.9	93.2			
21、22	307.6	93.1			
2、3	483.4	82.7			
41、42	318.2	82.5			
13、14	328.2	72.5			
10、11	328.7	72.0	401	49	12.32 < 15
27、28	341.7	59.0			
31、32	453.8	53.1			
24、25	350.5	50.2			
17、18	360.4	40.3			
6、7	434.6	33.9			
9、10	434.3	33.6			
19、20	432.5	31.8			
40、41	430	29.3			

表 8-1（续）

间距编号	s（mm）	$\lvert s-\mu\rvert$（mm）	μ（mm）	σ（mm）	c_v（%）
5、6	372.6	28.1			
16、17	428.3	27.6			
15、16	426	25.3			
33、34	424	23.3			
23、24	380	20.7			
29、30	381.2	19.5			
35、36	381.4	19.3			
39、40	382.4	18.3			
22、23	386.3	14.4			
28、29	414.8	14.1			
32、33	386.8	13.9			
8、9	414.1	13.4	401	49	12.32＜15
18、19	387.7	13.0			
37、38	388.5	12.2			
7、8	388.8	11.9			
26、27	412.5	11.8			
36、37	411.8	11.1			
25、26	411.1	10.4			
11、12	410.7	10.0			
3、4	391.8	8.9			
34、35	407.9	7.2			
38、39	403.1	2.4			
12、13	402.9	2.2			
14、15	401.2	0.5			

若 $c_v \leqslant 15\%$，表明炮孔间距分布均匀性好；若 $c_v ＞ 15\%$，表明炮孔分布均匀性差，剔除表格第 1 行数据不参与 c_v 计算，重新计算剩余数据 c_v 值，直至 $c_v \leqslant 15\%$。计算剔除的各个间距值是引起间距分布不均匀的主要因素，可对表格上的间距编号进行标记，以便指导后续施工。

8.5 地质编录应用要求

8.5.1 洞内地质编录应包括洞身展平影像制作、掌子面正射影像制作和影像地质解译。洞身展平影像制作应按本规程第 8.3.2 ~ 第 8.3.4 条要求执行；掌子面正射影像制作应按本规程第 8.4.2 条要求执行。

8.5.2 洞身展平影像与掌子面正射影像应保持比例一致。掌子面轮廓各点应与展平影像的弧长边各点相对应，如图8.5.2所示。

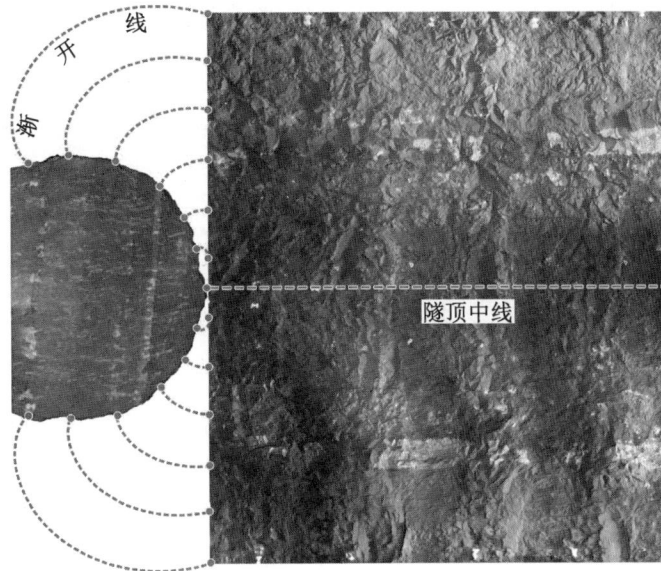

图 8.5.2 地质编录影像

8.5.3 利用洞身数字模型进行地质解译时，可根据隧道施工揭露岩石的影像特征，按表8.5.3结合现场情况对岩石性质进行判析。

表 8.5.3 常见岩石分类及影像解译特征

类别	代表性岩体	影像解译特征
岩浆岩	花岗岩、花岗闪长岩、正长岩、闪长岩（中酸性侵入岩）	(1) 花岗岩：浅肉红色、浅灰色、灰白色，颗粒粗大，块状、斑杂状、球状、似片麻状构造，表面光滑有蜡状光泽。 (2) 花岗闪长岩：颜色比花岗岩稍深，呈灰绿色或暗灰色，常具明显的环带结构。 (3) 正长岩：浅灰色，具等粒状、斑状结构。 (4) 闪长岩：颜色较深，多呈灰黑色，带深绿斑点灰色或浅绿色
	辉绿岩、辉长岩（基性、超基性侵入岩）	(1) 岩体一般较小，多受区域构造和线形构造控制，呈定向延伸。 (2) 侵入岩体内的节理裂隙和岩脉不如酸性侵入体发育和清晰
	流纹岩、玄武岩、凝灰岩（喷出岩）	(1) 表面呈绳状流动、海绵结构、熔碴结构及熔岩的冷凝裂隙。 (2) 熔岩流色调变化较大，通常酸性熔岩流色调偏浅，基性熔岩流偏深，多期熔岩流色调复杂
	脉岩	(1) 多呈带状、链状、透镜状、串珠状、蠕虫状等。 (2) 酸性脉岩呈灰白色或浅灰色，基性、超基性脉岩呈灰、暗色调
沉积岩	砾岩	(1) 层理不明显。 (2) 色调深浅均有，成分复杂的具有各种不同色调。 (3) 影像结构粗糙
	砂岩	(1) 层理明显且稳定。 (2) 色调呈深灰至灰色

表8.5.3（续）

类别	代表性岩体	影像解译特征
沉积岩	页岩	色调呈浅灰色，含碳质较多时，呈较深色调
	碳酸盐类岩石	（1）石灰岩：无水时色调较浅，风化后色调较深。 （2）白云岩：色调较石灰岩深，具粗糙感。 （3）泥灰岩：色调较浅，无水时呈灰白色调
变质岩	石英岩、大理岩	（1）石英岩：层理不明显，节理发育，呈浅色色调。 （2）大理岩：色调较浅
	片岩、千枚岩、板岩	（1）片岩：棱形线形构造，片理明显，多构成一组大体平行的密集细纹，色调变化较大。 （2）千枚岩：色调较深。 （3）板岩：色调较深
	片麻岩	色调稳定，有深浅交替条带排列
	混合岩	似肠状的黑白相间色带

8.5.4 利用洞身数字模型进行地质构造解译时，可根据隧道施工揭露的影像特征按表8.5.4结合现场情况对构造性质进行判析。

表8.5.4　常见地质构造分类及解译特征

类别	代表性构造	影像解译特征
褶皱	一般褶皱	（1）呈椭圆状、环状、藕节状、弧状、"之"字形等不同色调纹理。 （2）岩层、裂隙色调呈对称分布。 （3）同一层位地下水出露点连线呈封闭状
	向斜背斜	（1）向斜的两翼岩层倾向相向。 （2）背斜转折端向枢纽倾伏的方向，即凸向新的岩层，岩层一律向外倾斜；向斜转折端指向翘起的方向，即凸向老的岩层，岩层一律向内倾斜
断层	一般断层	（1）地质体被切断或错开，包括地层、侵入体、岩脉、矿脉、褶皱、不整合面等各种地质体被切断错开以及老断层被新断层切断、错开等。 （2）沉积岩地层的重复或缺失。 （3）沿某些方向，岩层产状发生突然变化
	活动断层	（1）岩层产状的急变和变陡；突然出现狭窄的节理化、劈理化带；小褶皱剧增以及挤压破碎和各种擦痕等。 （2）断层带内或断层面两侧岩石碎裂成大小不一的透镜状角砾块体，长径一般为数十厘米至两、三米。构造透镜体有时单个出现，有时成群产出。包含透镜体长轴和中轴的平面，或与断层面平行，或与断层面成小角度相交。 （3）断层中或断层两侧，较弱薄层中出现一系列复杂紧闭等斜小褶皱组成的揉褶带。小褶皱轴面有时向一方倾斜，有时陡立，但总的产状常常与断层面斜交，所交锐角一般指示对盘运动方向

附录 A 相机标定方法

A.1 坐标设定

独立坐标系 $o\text{-}xyz$ 设于棋盘格边界角点，x 轴与 y 轴分别与棋盘格两侧边平行；像素坐标系 $o\text{-}uv$ 原点设于相机传感器角点，u 轴与 v 轴分别与传感器两侧边平行，如图 A.1 所示。

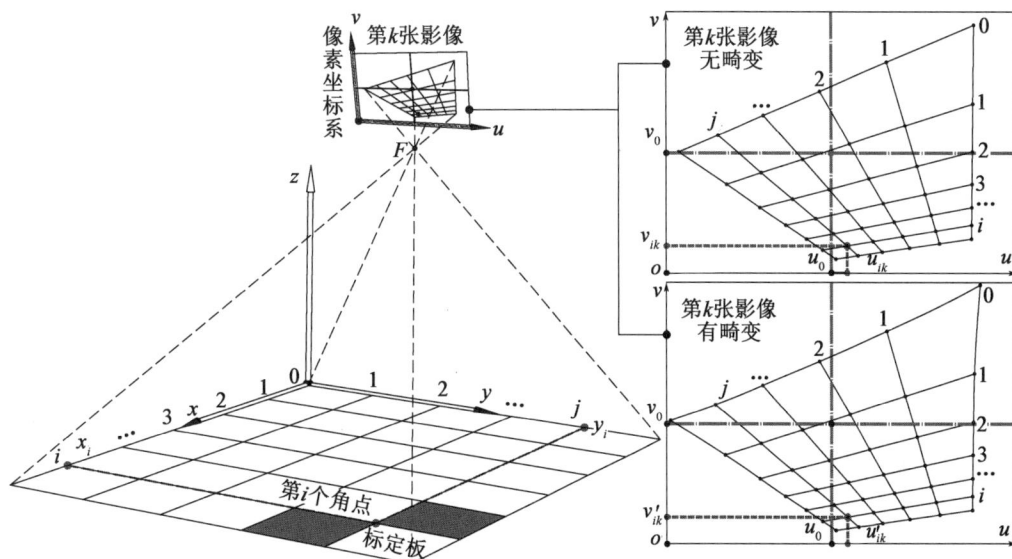

图 A.1 坐标系统

A.2 内参计算

对于第 k 张影像中全部的 m 个角点，应按式（A.2-1）计算关于 $H_{ij,k}$（$1 \leqslant i \leqslant 3$，$1 \leqslant j \leqslant 3$）方程的解，并按式（A.2-2）构建相机内外参数矩阵积 $\boldsymbol{H}_k$：

$$
\begin{bmatrix}
x_1 & \cdots & x_m & 0 & \cdots & 0 \\
y_1 & \cdots & y_m & 0 & \cdots & 0 \\
1 & \cdots & 1 & 0 & \cdots & 0 \\
0 & \cdots & 0 & x_1 & \cdots & x_m \\
0 & \cdots & 0 & Y_1 & \cdots & y_m \\
0 & \cdots & 0 & 1 & \cdots & 1 \\
-u_{1k}x_1 & \cdots & -u_{mk}x_m & -v_{1k}x_1 & \cdots & -v_{mk}x_m \\
-u_{1k}y_1 & \cdots & -u_{mk}y_m & -v_{1k}y_1 & \cdots & -v_{mk}y_m \\
-u_{1k} & \cdots & -u_{mk} & -v_{1k} & \cdots & -v_{mk}
\end{bmatrix}_{2m \times 9}^{\mathrm{T}}
\times
\begin{bmatrix}
H_{11,k} \\
H_{12,k} \\
H_{13,k} \\
H_{21,k} \\
H_{22,k} \\
H_{23,k} \\
H_{31,k} \\
H_{32,k} \\
H_{33,k}
\end{bmatrix}_{9 \times 1}
= \boldsymbol{0} \quad (\text{A.2-1})
$$

$$\boldsymbol{H}_k = \begin{bmatrix} H_{11,k} & H_{12,k} & H_{13,k} \\ H_{21,k} & H_{22,k} & H_{23,k} \\ H_{31,k} & H_{32,k} & H_{33,k} \end{bmatrix}_{3\times3} \tag{A.2-2}$$

式中：u_{ik}、v_{ik}——第 k 张影像中，像素坐标系下第 i 个角点考虑畸变的坐标，通过识别影像上的角点获得；

$\quad\quad\quad x_i$、y_i——工程坐标系下，第 i 个角点坐标，通过棋盘格尺寸获得；

$\quad\quad\quad \boldsymbol{H}_k$——拍摄第 k 张影像相机的内外参数矩阵积。

对于拍摄的第 k 张影像，应按式（A.2-3）计算相机内参数相应的正交子向量 $\boldsymbol{\nu}_k$：

$$\boldsymbol{\nu}_k = \begin{bmatrix} \boldsymbol{\nu}_{12,k}^{\mathrm{T}} \\ \boldsymbol{\nu}_{11,k}^{\mathrm{T}} + \boldsymbol{\nu}_{22,k}^{\mathrm{T}} \end{bmatrix}_{2\times6} \tag{A.2-3}$$

$$\boldsymbol{\nu}_{11,k} = \begin{bmatrix} H_{11,k}^2 & 2H_{11,k}H_{21,k} & H_{21,k}^2 & 2H_{11,k}H_{31,k} & 2H_{21,k}H_{31,k} & H_{31,k}^2 \end{bmatrix}_{6\times1}^{\mathrm{T}}$$

$$\boldsymbol{\nu}_{12,k} = \begin{bmatrix} H_{11,k}H_{12,k} & H_{11,k}H_{22,k} + H_{21,k}H_{12,k} & H_{21,k}H_{22,k} & H_{11,k}H_{32,k} + H_{31,k}H_{12,k} \end{bmatrix}$$

$$H_{21,k}H_{32,k} + H_{31,k}H_{22,k} \quad H_{31,k}H_{32,k} \end{bmatrix}_{6\times1}^{\mathrm{T}}$$

$$\boldsymbol{\nu}_{22,k} = \begin{bmatrix} H_{12,k}^2 & 2H_{12,k}H_{22,k} & H_{22,k}^2 & 2H_{12,k}H_{32,k} & 2H_{22,k}H_{32,k} & H_{32,k}^2 \end{bmatrix}_{6\times1}^{\mathrm{T}}$$

对全部的 n 张影像，按式（A.2-4）计算矩阵 $\boldsymbol{B}$：

$$\left.\begin{array}{l} \begin{bmatrix} \boldsymbol{\nu}_1 \cdots \boldsymbol{\nu}_k \cdots \boldsymbol{\nu}_n \end{bmatrix}_{2n\times6}^{\mathrm{T}} \times \boldsymbol{B}^{\mathrm{T}} = \boldsymbol{0} \\ \boldsymbol{B} = \begin{bmatrix} B_{11} & B_{12} & B_{22} & B_{13} & B_{23} & B_{33} \end{bmatrix}_{1\times6} \end{array}\right\} \tag{A.2-4}$$

按式（A.2-5）计算相机内部参数矩阵 $\boldsymbol{A}$：

$$\left.\begin{array}{l} \boldsymbol{A} = \begin{bmatrix} f_u & s & u_0 \\ 0 & f_v & v_0 \\ 0 & 0 & 1 \end{bmatrix} \\ \\ f_v = \sqrt{\dfrac{B_{11}}{B_{11} \cdot B_{22} - B_{12}^2}} \\ \\ f_u = \sqrt{\dfrac{1}{B_{11}}} \\ \\ v_0 = \dfrac{B_{12} \cdot B_{13} - B_{11} \cdot B_{23}}{B_{11} \cdot B_{22} - B_{12}^2} \\ \\ u_0 = \dfrac{s \cdot y_0}{f_v} - B_{13} \cdot f_u^2 \\ \\ s = -B_{12} \cdot f_u^2 \cdot f_v \end{array}\right\} \tag{A.2-5}$$

式中：f_u、f_v——相机在 u、v 方向的焦距；

$\quad\quad\quad u_0$、v_0——相机传感器在 u、v 方向的主点偏移；

s——相机传感器绕主点的旋转。

A.3　外参计算

对拍摄的第 k 张影像，应按式（A.3）计算每张影像相应的外参矩阵 C_k：

$$C_k = \begin{bmatrix} R_k & T_k \\ 0 & 1 \end{bmatrix} = \begin{bmatrix} R_{1,k} & R_{2,k} & 0 & | & T_k \\ 0 & 0 & 0 & | & 1 \end{bmatrix}_{4 \times 4} \right\}$$

$$\begin{bmatrix} R_{1,k} & R_{2,k} & T_k \end{bmatrix}_{3 \times 3} = A^{-1} \times H_k$$

（A.3）

式中：　A——相机内部参数矩阵，由式（A.2-5）计算得出；

　　　　H_k——拍摄第 k 张影像相机的内外参数矩阵积，由式（A.2-2）计算；

　　　　T_k——第 k 张影像的相机平移矩阵；

$R_{1,k}$、$R_{2,k}$——第 k 张影像的相机旋转矩阵 R_k 的第 1、2 列。

A.4　畸变计算

对于第 k 张影像（共 n 张影像）的第 i 个角点（共 m 个角点），按式（A.4-1）计算其在像素坐标系内无畸变坐标 u'_{ik}、v'_{ik}，式中各参数含义与前节一致。

$$\left. \begin{aligned} u'_{ik} &= \frac{H_{11,k}x_i + H_{12,k}y_i + H_{13,k}}{H_{31,k}x_i + H_{32,k}y_i + H_{33,k}} \\ v'_{ik} &= \frac{H_{21,k}x_i + H_{22,k}y_i + H_{23,k}}{H_{31,k}x_i + H_{32,k}y_i + H_{33,k}} \end{aligned} \right\}$$

（A.4-1）

按式（A.4-2）计算畸变系数 k_1、k_2，式中各参数含义与前节一致。

$$\left. \begin{aligned} &\begin{bmatrix} x_{cik} & y_{cik} & z_{cik} \end{bmatrix}^{\mathrm{T}} = A^{-1} \times H_k \times \begin{bmatrix} x_i & y_i & 1 \end{bmatrix}^{\mathrm{T}} \\ &\qquad\qquad r_{ik}^2 = \frac{x_{cik}^2 + y_{cik}^2}{z_{cik}^2} \\ &D = \begin{bmatrix} (u'_{11} - u_0)r_{11}^2 & (u'_{11} - u_0)r_{11}^4 \\ \vdots & \vdots \\ (u'_{mn} - u_0)r_{mn}^2 & (u'_{mn} - u_0)r_{mn}^4 \\ (v'_{11} - v_0)r_{11}^2 & (v'_{11} - v_0)r_{11}^4 \\ \vdots & \vdots \\ (v'_{mn} - v_0)r_{mn}^2 & (v'_{mn} - v_0)r_{mn}^4 \end{bmatrix}_{2mn \times 2} \\ &\begin{bmatrix} k_1 \\ k_2 \end{bmatrix} = (D^{\mathrm{T}} \times D)^{-1} \times D^{\mathrm{T}} \times \begin{bmatrix} u_{11} - u'_{11} \\ \vdots \\ u_{mn} - u'_{mn} \\ v_{11} - v'_{11} \\ \vdots \\ v_{mn} - v'_{mn} \end{bmatrix}_{2mn \times 1} \end{aligned} \right\}$$

（A.4-2）

A.5 迭代计算

按式（A.5）计算每张影像中各角点的重投影误差 e_{ik}，式中 $\hat{u}_{ik}$、$\hat{v}_{ik}$ 为像素坐标系下考虑畸变的重投影坐标，其余各参数含义与前节一致。

$$
\left.
\begin{aligned}
e_{ik} &= \sqrt{(u_{ik} - \hat{u}_{ik})^2 + (v_{ik} - \hat{v}_{ik})^2} \\
\begin{bmatrix} \hat{u}_{11} \\ \vdots \\ \hat{u}_{mn} \\ \hat{v}_{11} \\ \vdots \\ \hat{v}_{mn} \end{bmatrix} &= \boldsymbol{D} \times \begin{bmatrix} k_1 \\ k_2 \end{bmatrix} + \begin{bmatrix} u'_{11} \\ \vdots \\ u'_{mn} \\ v'_{11} \\ \vdots \\ v'_{mn} \end{bmatrix}
\end{aligned}
\right\}
\tag{A.5}
$$

当任一 $e_{ik} \leqslant 0.5P$ 时，第 A.2 节 ~ 第 A.4 节标定的参数满足要求，否则将式（A.5）中的 $\hat{u}_{ik}$、$\hat{v}_{ik}$ 迭代至式（A.2-1）中作为 u_{ik}、v_{ik}，重新按 A.2 ~ A.4 步骤计算，直至全部 $e_{ik} \leqslant 0.5P$。以上 P 为相机传感器单个像素尺寸，其中 $\boldsymbol{D} \times \begin{bmatrix} k_1 & k_2 \end{bmatrix}^{\mathrm{T}}$ 为各角点的畸变修正量。

A.6 成果分析

按 A.1 ~ A.5 步骤迭代，当全部 e_{ik} 满足小于或等于 $0.5P$ 中止条件时，可得到最终相机标定的内、外参数及畸变参数，并按式（A.6）计算各项标定指标精度。

$$
\left.
\begin{aligned}
\Delta f_u &= P \cdot f_u - f \\
\Delta f_v &= P \cdot f_v - f \\
\Delta u_0 &= u_0 - \frac{l_s}{2} \\
\Delta v_0 &= v_0 - \frac{b_s}{2} \\
d &= \max\left[\frac{\sqrt{\varepsilon_{u,ik}^2 + \varepsilon_{v,ik}^2}}{\sqrt{u_{ik}'^2 + v_{ik}'^2}}\right] \\
\begin{bmatrix} \varepsilon_{u,11} \\ \vdots \\ \varepsilon_{u,mn} \\ \varepsilon_{v,11} \\ \vdots \\ \varepsilon_{v,mn} \end{bmatrix} &= \begin{bmatrix} u_{11} - u'_{11} \\ \vdots \\ u_{mn} - u'_{mn} \\ v_{11} - v'_{11} \\ \vdots \\ v_{mn} - v'_{mn} \end{bmatrix} - \boldsymbol{D} \times \begin{bmatrix} k_1 \\ k_2 \end{bmatrix}
\end{aligned}
\right\}
\tag{A.6}
$$

式中：Δf_u、Δf_v——镜头在 u、v 方向焦距的偏差；

　　　Δu_0、Δv_0——相机传感器在 u、v 方向的主点偏差；

　　　　　　d——残余畸变率；

$\varepsilon_{u,ik}$、$\varepsilon_{v,ik}$——第 k 张影像第 i 个角点在 u、v 方向的畸变修正残差。

条文说明

本规程参考了张正友教授论文 *Flexible Camera Calibration by Viewing a Plane from Unknown Orientations* 中给出的相机标定方法。

附录 B 外业参数控制

B.1 隧道断面的椭圆等效方法

B.1.1 多心圆形隧道断面可采用标准椭圆方程按式（B.1.1）进行等效，等效示意图如图 B.1.1 所示。

$$\frac{4x^2}{W^2} + \frac{y^2}{(H-\Delta H)^2} = 1 \tag{B.1.1}$$

式中：H——多心圆形隧道设计断面高度；

ΔH——多心圆形隧道最大跨度处距隧底高度，隧底指施工阶段通道面；

W——多心圆形隧道设计断面跨度。

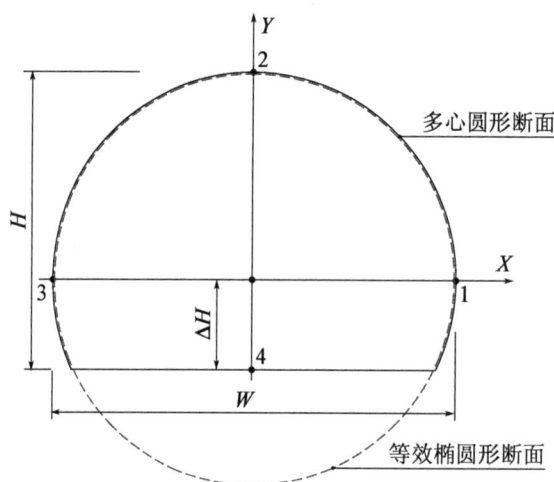

图 B.1.1 多心圆形断面等效示意图

B.1.2 圆端形隧道断面可采用式（B.1.2）等效为多心圆形断面，等效示意图如图 B.1.2所示。

$$\left.\begin{array}{c} W = \dfrac{\sqrt{W'(W'+2H')}}{2\sqrt{2H'}} \\[2mm] H = H' \\[2mm] \Delta H = \dfrac{H'}{2} - \dfrac{W'}{4} \end{array}\right\} \tag{B.1.2}$$

式中：H'——圆端形隧道设计断面高度；

W'——圆端形隧道设计断面跨度。

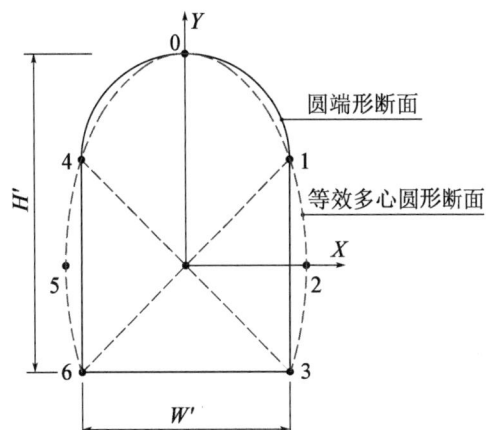

图 B.1.2　圆端形断面等效示意图

条文说明

隧道内为负曲率曲面，断面类型多样，故需建立统一断面模型以便进行相机姿态分析。通过对铁路、公路、市政等多个行业典型隧道断面类型进行统计分析，整理得到表 B-1。其中公路隧道断面参考了行业标准《公路隧道设计规范　第一册　土建工程》（JTG 3370.1—2018）附录 B 推荐的内轮廓尺寸；铁路隧道断面考虑了国内不同设计时速、正线数量、轨道结构形式组合对应的内轮廓尺寸。

表 B-1　常见隧道内轮廓尺寸

行业	W（mm）	H（mm）	ΔH（mm）	H/W	备注
	8800	6350	1950	0.722	四级公路两车道
	9300	6250	1600	0.672	三级公路两车道
	10000	6450	1450	0.645	三级公路两车道
	9300	6250	1600	0.672	三级公路两车道
	10000	6450	1450	0.645	三级公路两车道
	10600	6800	1500	0.642	二级公路两车道
	11740	6900	1600	0.588	二级公路两车道
公路	10400	6935	1735	0.667	一级公路两车道
	11100	7185	1635	0.647	高速公路、一级公路两车道
	11400	7195	1495	0.631	高速公路、一级公路两车道
	12260	7145	1675	0.583	高速公路两车道
	14170	7565	1705	0.534	一级公路三车道
	14950	7655	1625	0.512	高速公路、一级公路三车道
	15380	7740	1330	0.503	高速公路、一级公路三车道
	16030	7930	1630	0.495	高速公路、一级公路三车道

表 B-1（续）

行业	W（mm）	H（mm）	ΔH（mm）	H/W	备注
铁路	6618	7514	2825	1.135	时速120km单线有砟轨道
	10640	8486	2316	0.798	时速120km双线有砟轨道
	5252	7250	3142	1.380	时速120km单线无砟轨道
	6980	7700	2760	1.103	时速160km单线无砟轨道
	6980	7860	2920	1.126	时速160km单线有砟轨道
	11420	8916	2356	0.781	时速160km双线有砟轨道
	12060	8916	2886	0.739	时速200km双线有砟轨道
	12040	8565	2585	0.711	时速200km双线无砟轨道
	12820	9195	2785	0.717	时速250km双线无砟轨道
	13300	9595	2945	0.721	时速350km双线无砟轨道

表 B-1 中数据为隧道二次衬砌后轮廓尺寸，考虑常见复合式衬砌参数为初期支护 0.3m、二次衬砌 0.5m，故本规程对统计结果进行了调整：W、H 最小值向下取整；W 最大值扩大 1.6m 后向上取整；H 最大值扩大 0.8m 后向上取整；ΔH 最小值向下取整，最大值向上取整。各种断面参数值见表 B-2。

表 B-2　隧道断面参数可选值

参数	行业	参数可选值
W（m）	公路	8、10、12、14、16、17、18
	铁路	5、6、7、9、11、13、15、19
H（m）	公路	6、7、8、9
	铁路	7、8、9、10、11
ΔH（m）	公路	1、2
	铁路	1.5、2.5、3.5

表 B-1 中各断面共性为多心圆形断面，圆心数量不超过 3 个（不含仰拱及拱脚），故可通过 W、H、ΔH 三个参数控制椭圆方程。其确定方法如下：

如图 B-1 所示，隧道轮廓上 2、4 点为跨度最大处，3 点为最高处，1、5 点为最低处。O_1、O_2、O_3 为隧道设计断面各段弧的圆心。拟合椭圆以隧道跨度最大点之间中点为原点 O，以高度方向为 Y 轴、跨度方向为 X 轴建立右手坐标系。以原点 O 为圆心，2、4 点为 a 轴端点，1 点为 b 轴端点建立椭圆，此即为任意多心圆形断面的拟合椭圆，式（B.1.1）由此得来。

实际工程中，并非表 B-2 中参数的全部组合均能构成合理断面，还应满足图 B-1 所示的约束关系。

（1）ΔH 不能过大，隧底不能超过拟合椭圆 b 半轴端点 3′，即：

$$\Delta H < H - \Delta H \Rightarrow \Delta H < \frac{H}{2}$$

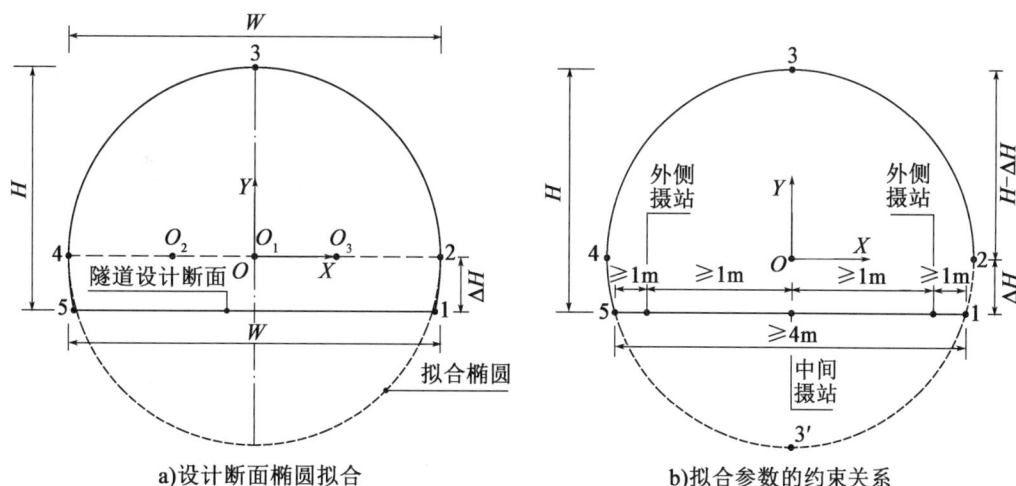

a)设计断面椭圆拟合　　　　　　　b)拟合参数的约束关系

图 B-1　各行业隧道典型断面

（2）为便于摄影测量作业开展和摄影质量，其外侧摄站站点位置距离边墙根部不少于1m；外侧摄站与中间摄站之间间距不少于1m；故隧底总宽度不少于4m。对于椭圆方程，即当 $y = -\Delta H$ 时，其相应两根 x_1、x_2 之差不少于4。

$$\frac{4x^2}{W^2} + \frac{\Delta H^2}{(H - \Delta H)^2} = 1 \Rightarrow |x_1 - x_2| = W\sqrt{1 - \frac{\Delta H^2}{(H - \Delta H)^2}} \geq 4 \Rightarrow \frac{16}{W^2} + \frac{\Delta H^2}{(H - \Delta H)^2} \leq 1$$

（3）隧道矢跨比应适中。表 B-2 中的参数组合除满足前述（1）、（2）要求外，还应对断面矢跨比进行控制。本规程采纳了现有隧道的设计经验，根据表 B-1 归纳出各类隧道矢跨比的约束范围：公路隧道为 0.45~0.75，铁路隧道为 0.70~1.40。

表 B-3 给出了各行业多心圆形典型断面采用椭圆拟合的误差情况，其最大偏差为 +38.4mm，拟合精度已能满足进行视场估计的要求。

表 B-3　断面拟合误差

设计断面类型	拟合线性超挖值（mm）
单圆心	0.0
三圆心	-3.9
两圆心	+38.4

工程中除了多心圆形断面外，圆端形也是常用断面形式，因此附录还对圆端形断面的拟合进行了补充。W、H、ΔH 三个参数按以下方式选取：在图 B.1.2 中，隧道轮廓上的2、5点为跨度最大处；0点为最高处，3、6点为最低处，其中1、3、6、4点构成矩形，其中心设为原点O，以高度方向为 Y 轴，跨度方向为 X 轴建立右手坐标系。以原点 O 为圆心，0点为 b 轴端点建立椭圆，并经过1、3、6、4点，此即为任意多心圆形断面的拟合椭圆：

$$\Delta H' = \frac{H'}{2} - \frac{W'}{4}; b = \frac{W'}{2} + \frac{1}{2}\left(H' - \frac{W'}{2}\right) = \frac{H'}{2} + \frac{W'}{4}$$

在图 B.1.2 所示坐标系下，1点坐标为 $(0.5W', 0.5H' - 0.25W')$，代入椭圆方程得到：

$$\frac{W'^2}{4a^2} + \frac{(2H' - W')^2}{(H' + W')^2} = 1 \Rightarrow a = \frac{\sqrt{W'}(2H' + W')}{4\sqrt{2H'}}$$

对于待定的多心圆形断面，其 ΔH、a、b 应与圆端形等效截面一致：

$$\Delta H = \Delta H'; b = H - \Delta H; a = \frac{W}{2}$$

由此可将圆端形断面尺寸 W'、H' 转化为多心圆形断面尺寸 ΔH、H、W，从而得到式（B.1.2）：

$$\begin{cases} \Delta H = \Delta H' = \dfrac{H'}{2} - \dfrac{W'}{4} \Rightarrow \Delta H = \dfrac{H'}{2} - \dfrac{W'}{4} \\[2mm] b = \dfrac{H'}{2} + \dfrac{W'}{4} = H - \Delta H \Rightarrow H = H' \\[2mm] a = \dfrac{\sqrt{W'}(2H' + W')}{4\sqrt{2H'}} = \dfrac{W}{2} \Rightarrow W = \dfrac{\sqrt{W'}(2H' + W')}{2\sqrt{2H'}} \end{cases}$$

B.2 外业参数类型

摄影测量外业应准备的参数包括：断面尺寸、标志尺寸、标志布设密度、摄站断面间距、最大视距、相机姿态、光圈值。各符号示意如图 B.2-1、图 B.2-2 所示。

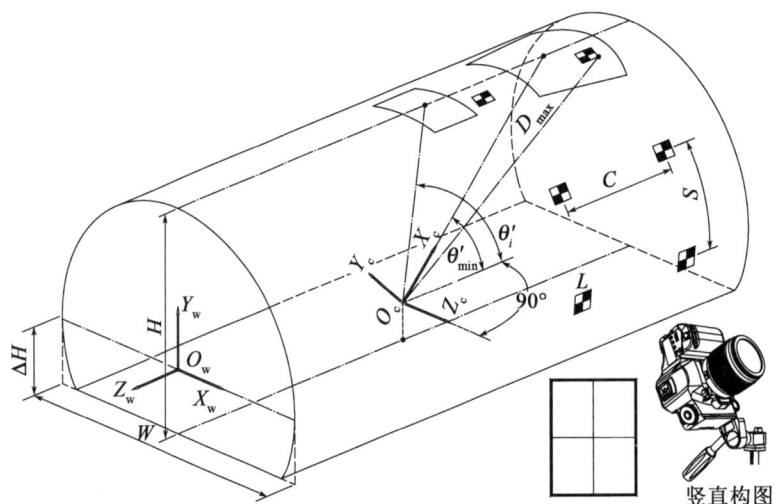

图 B.2-1 中间摄站参数示意

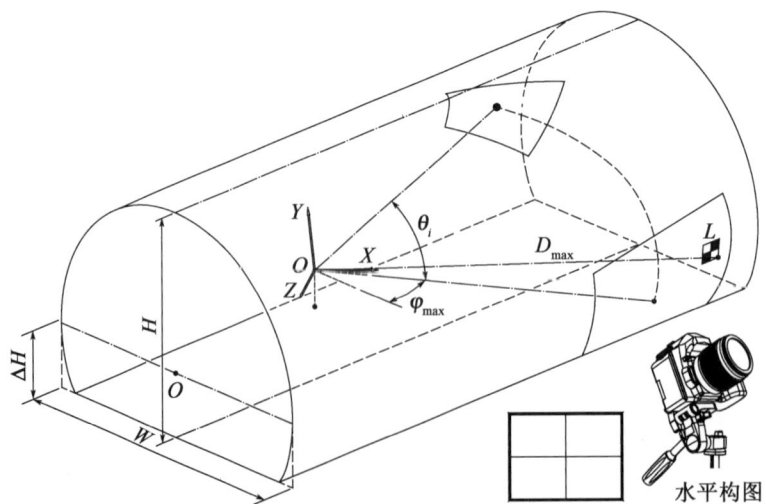

图 B.2-2 外侧摄站参数示意

图 B. 2-1 和图 B. 2-2 中各符号的含义为：

H——多心圆端形隧道断面高度；

ΔH——多心圆形隧道断面最宽处距离隧底距离；

W——多心圆形隧道断面最大跨度；

$\varphi_{\max}$——相机在外侧摄站采集影像时的最大方位角，取相机光轴与隧道跨度方向所成的水平角；

θ_i——相机在外侧摄站采集第 i 张影像时的俯仰角，指相机光轴与水平面所成的夹角；

θ_i'——相机在中间摄站采集第 i 张影像时的俯仰角；

L——标志尺寸；

$D_{\max}$——相机位于同一断面内中间和外侧摄站点时，拍摄范围内的隧道表面各点到相应摄站点距离的最大值，简称同断面内摄站最大视距；

C——像控点标志沿隧道纵向的布置间距；

S——像控点标志沿断面切向的布置间距。

B. 3　标志及相机姿态参数表

采用表 B. 3-1 ～表 B. 3-3 确定外业参数时，应先根据断面实际尺寸确定与表中最接近的 W、H、ΔH 组合。断面组合可通过表 B. 3-4 进行查找定位。

表 B. 3-1 ～表 B. 3-3 的适用条件为：

（1）相机画幅为 APS-C。

（2）摄站高度为 1.4m，外侧摄站中心距拱脚 1m。

（3）现场情况与适用条件不一致或断面尺寸超出表中所列范围时，可联系主编单位利用通用程序计算确定。

条文说明

表 B. 3-1 ～表 B. 3-3 中数据采用数值计算的方式得来，其实现方法是：

（1）限定标志尺寸最大值，并作为最终控制指标。理论上只要标志足够大且进入相机视场，则总能通过选择合适的尺寸来满足影像分辨率的要求。但由标志尺寸过大不便于安装和施工。本规程结合前期现场调研分析，150mm 是现场生产能接受的上限，故按此作为标志尺寸的限值。

（2）在标志最大尺寸的条件下，结合影像分辨率的最小要求，对所有断面参数进行组合，计算相机相应的极限姿态。相机的极限姿态指：当于相机视场内隧道面任意点放置标志时，在满足其影像最小分辨率的同时，其相应最大尺寸刚好达到限值。由于标志尺寸存在上限，故可通过约束相机姿态来保证影像分辨率。国家标准《工程摄影测量规范》（GB 50167—2014）第 G. 0. 2 条规定标志各边尺寸在影像上的最小值为 15 个像素单位，本规程以此作为标志影像分辨率最低要求。

表 B.3-1 标志及相机姿态参数表（焦距 20mm 镜头）

W(m)	H(m)	ΔH(m)	φ_{max}(°)	θ_i(°)	θ'_i(°)	L(mm)	D(m)	C(m)	S(m)	D_c(m)	F
5.0	7.0	1.5	42	0,30,60	51,63,81	0.13	15.9	6.6	6.6	2.5	16.0
		2.5	42	0,33,63	51,63,81	0.13	15.9	6.6	6.4	2.4	11.0
	7.0	1.5	42	0,30,57	51,63,81	0.15	16.2	6.6	6.5	2.7	16.0
		2.5	42	0,33,60	51,63,81	0.14	15.9	6.6	6.3	2.6	11.0
6.0	8.0	1.5	42	0,30,60	51,63,81	0.15	18.8	7.8	7.9	3.0	16.0
		2.5	42	0,33,63	51,63,81	0.15	18.8	7.8	7.7	2.9	11.0
	7.0	1.5	39	0,30,57	51,63,81	0.13	16.7	6.6	6.7	2.7	16.0
		2.5	39	0,33,60	51,63,81	0.13	15.9	6.6	6.5	2.6	8.0
7.0	8.0	1.5	39	0,30,57	51,63,81	0.15	18.8	7.8	8.1	3.1	16.0
		2.5	39	0,33,60	51,63,81	0.15	18.8	7.8	7.9	3.0	11.0
		3.5	42	0,39,66	51,63,81	0.15	18.8	7.8	7.0	2.9	8.0
	9.0	1.5	39	0,30,60	54,69	0.13	19.0	8.9	9.5	3.3	16.0
		2.5	39	0,33,63	54,69	0.13	19.0	8.9	9.4	3.2	11.0
		3.5	39	0,36,66	54,69	0.13	19.0	8.9	8.0	3.1	8.0
8.0	6.0	1.0	36	0,30,54	48,60,75	0.14	17.3	5.4	5.5	2.5	16.0
		2.0	39	0,33,54	48,60,75	0.15	18.4	5.4	5.2	2.5	11.0
	7.0	1.5	36	0,30,54	51,63,81	0.14	19.6	6.6	6.8	2.9	16.0
		2.5	36	0,33,57	51,63,81	0.13	18.2	6.6	6.7	2.8	8.0
	8.0	1.5	36	0,30,57	51,63,81	0.15	19.7	7.8	8.2	3.2	16.0
		2.5	36	0,33,60	51,63,81	0.15	18.9	7.8	8.1	3.1	11.0
		3.5	39	0,36,60	51,63,81	0.15	18.8	7.8	7.4	3.1	5.6
9.0	9.0	1.5	36	0,30,57	54,69	0.14	19.8	8.9	9.6	3.5	16.0
		2.5	36	0,48	54,69	0.14	19.0	8.9	8.9	4.6	11.0

表 B. 3-1（续）

W(m)	H(m)	ΔH(m)	φ_{max}(°)	θ_i(°)	θ_i'(°)	L(mm)	D(m)	C(m)	S(m)	D_c(m)	F
10.0	6.0	1.0	36	0,30,51	48,60,75	0.15	22.3	5.4	5.3	2.7	16.0
		2.0	36	0,30,51	48,60,75	0.15	20.9	5.4	5.3	2.7	11.0
	7.0	1.0	33	0,30,54	51,63,81	0.13	20.0	6.6	7.0	2.9	16.0
		2.0	36	0,33,54	51,63,81	0.15	21.5	6.6	6.7	3.1	11.0
	8.0	1.5	33	0,30,54	51,63,81	0.15	22.0	7.8	8.3	3.4	16.0
		2.5	33	0,33,57	51,63,81	0.15	21.1	7.8	8.3	3.3	8.0
		3.5	36	0,24,51,75	51,63,81	0.15	20.2	7.8	7.8	2.7	5.6
	9.0	1.5	33	0,30,57	54,69	0.14	22.1	8.9	9.8	3.6	16.0
		2.5	33	0,33,60	54,69	0.13	21.5	8.9	9.7	3.5	11.0
		3.5	36	0,36,60	54,69	0.15	22.2	8.9	9.2	3.6	5.6
11.0	10.0	1.5	33	0,30,57	54,69	0.15	22.2	10.1	11.2	4.0	16.0
		2.5	33	0,33,60	54,69	0.15	21.8	10.1	11.2	3.8	11.0
		3.5	33	0,33,60	54,69	0.15	21.5	10.1	11.0	3.9	8.0
	11.0	1.5	33	0,30,60	57,72	0.14	22.2	11.3	12.6	4.2	16.0
		2.5	33	0,33,60	57,72	0.14	22.0	11.3	12.6	4.2	11.0
		3.5	33	0,33,60	57,72	0.13	21.5	11.3	12.5	4.2	8.0
12.0	6.0	1.0	33	0,30,51	48,60,75	0.15	24.3	5.4	5.2	2.7	16.0
		2.0	33	0,18,42,60	48,57,72	0.14	22.8	5.4	5.4	2.3	11.0
	7.0	1.0	33	0,30,51	51,63,81	0.15	24.4	6.6	6.7	3.2	16.0
		2.0	33	0,30,51	51,63,81	0.15	23.5	6.6	6.8	3.2	11.0
	8.0	1.0	33	0,30,54	51,63,81	0.15	24.5	7.8	8.2	3.5	16.0
		2.0	33	0,30,54	51,63,81	0.15	23.8	7.8	8.2	3.5	11.0
	9.0	1.0	33	0,30,54	54,69	0.15	24.5	8.9	9.7	3.8	16.0
		2.0	33	0,30,54	54,69	0.15	24.1	8.9	9.7	3.9	11.0

表 B.3-1（续）

W(m)	H(m)	ΔH(m)	φ_{max}(°)	θ_i(°)	θ'_i(°)	L(mm)	D(m)	C(m)	S(m)	D_c(m)	F
13.0	10.0	1.5	30	0,30,57	54,69	0.15	24.1	10.1	10.9	4.0	16.0
		2.5	30	0,33,60	54,69	0.15	23.6	10.1	10.8	3.9	11.0
		3.5	33	0,33,57	54,69	0.15	24.8	10.1	10.9	4.2	8.0
	11.0	1.5	30	0,30,57	57,72	0.14	24.2	11.3	12.3	4.3	16.0
		2.5	30	0,33,60	57,72	0.13	23.8	11.3	12.3	4.2	11.0
		3.5	30	0,33,60	57,72	0.13	23.1	11.3	12.2	4.3	8.0
14.0	7.0	1.0	30	0,30,51	51,63,81	0.15	26.2	6.6	6.2	3.2	16.0
		2.0	30	0,18,42,60	51,63,81	0.14	25.2	6.6	6.4	2.7	11.0
	8.0	1.0	30	0,30,54	51,63,81	0.15	26.2	7.8	7.7	3.5	16.0
		2.0	30	0,30,54	51,63,81	0.15	25.5	7.8	7.8	3.5	11.0
	9.0	1.0	30	0,30,54	54,69	0.15	26.2	8.9	9.2	3.9	16.0
		2.0	30	0,30,54	54,69	0.15	25.8	8.9	9.3	3.9	11.0
15.0	11.0	1.5	27	0,30,57	57,72	0.13	25.8	11.3	11.9	4.4	11.0
		2.5	27	0,33,60	57,72	0.13	25.5	11.3	11.9	4.3	11.0
		3.5	30	0,33,57	57,72	0.15	26.8	11.3	12.0	4.6	8.0
16.0	8.0	1.0	27	0,30,51	51,63,81	0.15	27.7	7.8	7.2	3.7	16.0
		2.0	27	0,30,51	51,63,81	0.15	27.0	7.8	7.4	3.8	11.0
	9.0	1.0	27	0,30,54	54,69	0.14	27.8	8.9	8.7	3.9	16.0
		2.0	27	0,30,54	54,66,84	0.14	27.3	8.9	8.8	4.0	11.0
17.0	8.0	1.0	27	0,30,51	51,63,81	0.15	29.6	7.8	7.0	3.8	16.0
		2.0	27	0,18,42	51,63,81	0.15	28.8	7.8	7.2	3.8	11.0
	9.0	1.0	27	0,30,54	54,66,84	0.15	29.6	8.9	8.5	4.0	16.0
		2.0	27	0,30,54	54,66,84	0.15	29.1	8.9	8.6	4.0	11.0
18.0	9.0	1.0	24	0,30,54	54,66,84	0.14	29.1	8.9	8.2	3.9	16.0
		2.0	24	0,30,54	54,66,84	0.14	28.6	8.9	8.3	4.0	11.0

表 B.3-2　标志及相机姿态参数表（焦距 24mm 镜头）

W(m)	H(m)	ΔH(m)	φ_{max}(°)	θ_i(°)	θ_i'(°)	L(mm)	D(m)	C(m)	S(m)	D_C(m)	F
5.0	7.0	1.5	45	0,24,48,69	42,54,69,87	0.12	17.0	4.7	4.9	1.7	16.0
		2.5	54	0,27,48,66	42,54,69,87	0.15	17.0	5.0	4.2	1.9	11.0
	7.0	1.5	45	0,27,51,75	45,57,72	0.13	17.3	5.5	5.5	1.9	16.0
		2.5	48	0,30,54,75	45,57,72	0.15	17.3	5.5	5.0	2.0	16.0
6.0	8.0	1.5	45	0,27,54	48,60,78	0.12	17.7	6.5	6.7	2.7	16.0
		2.5	45	0,30,54,78	48,60,78	0.12	17.7	6.5	6.5	2.2	16.0
	7.0	1.5	48	0,24,45,63	42,51,63,81	0.12	17.8	4.7	4.6	1.9	16.0
		2.5	48	0,27,48,66	42,51,63,81	0.12	17.0	4.7	4.3	1.9	11.0
7.0	8.0	1.5	48	0,24,45,66	42,54,69,87	0.14	20.0	5.5	5.6	2.2	16.0
		2.5	48	0,24,45,66	42,51,63,81	0.14	20.0	5.5	5.3	2.2	11.0
		3.5	51	0,27,48,66	42,51,63,81	0.14	20.0	5.7	4.8	2.2	11.0
	9.0	1.5	48	0,24,45,66	45,57,72	0.13	20.1	6.4	6.7	2.5	16.0
		2.5	48	0,24,45,66	45,57,72	0.12	20.1	6.4	6.4	2.5	16.0
		3.5	51	0,27,48,69	45,57,72	0.15	20.1	6.4	5.8	2.5	11.0
8.0	6.0	1.0	42	0,27,48,66	42,51,63,81	0.15	18.5	4.5	4.4	1.7	22.0
		2.0	45	0,27,45,63	42,51,63,81	0.15	20.0	4.5	4.1	1.9	16.0
	7.0	1.5	45	0,24,42,60	42,51,63,81	0.13	20.7	4.7	4.6	2.0	16.0
		2.5	48	0,24,42,57	42,51,63,81	0.15	22.0	4.7	4.2	2.2	11.0
	8.0	1.5	45	0,24,45,63	42,51,63,81	0.14	20.8	5.5	5.6	2.2	16.0
		2.5	45	0,24,45,63	42,51,63,81	0.14	20.0	5.5	5.4	2.2	11.0
		3.5	48	0,27,45,63	42,51,63,81	0.14	20.0	5.5	4.8	2.3	8.0
9.0	9.0	1.5	45	0,24,45,66	45,57,72	0.13	20.9	6.4	6.7	2.5	16.0
		2.5	45	0,24,45,63	45,57,72	0.12	20.3	6.4	6.4	2.6	16.0

表 B.3-2（续）

W(m)	H(m)	ΔH(m)	φ_{max}(°)	θ_i(°)	θ_i(°)	L(mm)	D(m)	C(m)	S(m)	D_c(m)	F
9.0	9.0	3.5	48	0,27,48,66	45,57,72	0.15	21.5	6.4	5.8	2.5	8.0
	10.0	1.5	45	0,24,45,66	45,57,72	0.14	22.7	7.2	7.8	2.8	16.0
		2.5	15	0,24,51,75	45,57,72	0.14	22.7	7.2	6.8	2.1	11.0
		3.5	48	0,27,48,66	45,57,72	0.15	22.7	7.2	6.9	2.8	11.0
	11.0	1.5	45	0,24,48,69	45,57,72	0.15	25.4	8.1	8.9	3.0	16.0
		2.5	45	0,24,48,69	45,57,72	0.15	25.4	8.1	8.6	3.0	16.0
		3.5	45	0,27,51,72	45,57,72	0.15	25.4	8.1	8.3	2.9	11.0
10.0	6.0	1.0	39	0,27,45,63,78	42,51,63,81	0.15	21.1	4.5	4.3	1.2	22.0
		2.0	42	0,27,45,60	42,51,63,81	0.15	22.3	4.5	4.1	1.9	16.0
	7.0	1.0	39	0,27,48	45,57,72	0.13	21.2	5.5	5.6	2.8	22.0
		2.0	42	0,27,45,63	45,57,72	0.15	23.0	5.5	5.2	2.2	16.0
	8.0	1.5	42	0,24,42,60	42,51,63,81	0.14	23.1	5.5	5.7	2.3	16.0
		2.5	45	0,24,42,60	42,51,63,81	0.15	24.9	5.5	5.2	2.4	11.0
		3.5	45	0,27,45,63	42,51,63,81	0.14	21.3	5.5	5.0	2.3	8.0
	9.0	1.5	42	0,24,45,63	45,57,72	0.12	23.2	6.4	6.8	2.5	16.0
		2.5	45	0,24,42,60	45,57,72	0.15	25.4	6.4	6.3	2.7	11.0
		3.5	45	0,27,45,63	45,57,72	0.14	23.3	6.4	6.0	2.6	8.0
11.0	10.0	1.5	42	0,24,45,66	45,57,72	0.14	23.3	7.2	7.9	2.7	16.0
		2.5	45	0,24,45,63	45,57,72	0.15	25.7	7.2	7.4	2.9	16.0
		3.5	45	0,27,48,66	45,57,72	0.15	24.4	7.2	7.0	2.8	8.0
	11.0	1.5	42	0,24,45,66	45,57,72	0.15	25.4	8.1	9.1	3.0	16.0
		2.5	45	0,24,45,66	45,57,72	0.15	25.9	8.1	8.4	3.1	16.0
		3.5	45	0,27,48,66	45,57,72	0.15	25.4	8.1	8.1	3.1	11.0

表 B.3-2（续）

W(m)	H(m)	ΔH(m)	φ_{max}(°)	θ_i(°)	θ'_i(°)	L(mm)	D(m)	C(m)	S(m)	D_c(m)	F
12.0	6.0	1.0	39	0,27,45	42,51,63,81	0.15	25.8	4.5	4.0	2.2	22.0
	6.0	2.0	39	0,15,36,51	42,51,63,81	0.15	24.2	4.5	4.2	2.2	16.0
	7.0	1.0	39	0,27,45,63,78	45,57,72	0.15	25.9	5.5	5.2	1.5	22.0
	7.0	2.0	39	0,27,45,63,81	45,54,69,87	0.15	24.9	5.5	5.2	1.5	16.0
	8.0	1.0	39	0,27,48	48,60,75	0.15	26.0	6.5	6.5	3.2	22.0
	8.0	2.0	39	0,27,48	48,60,75	0.15	25.3	6.5	6.5	3.3	16.0
	9.0	1.0	39	0,27,48	48,60,75	0.15	26.0	7.4	7.9	3.7	22.0
	9.0	2.0	39	0,27,48	48,60,75	0.15	25.5	7.4	7.9	3.7	16.0
13.0	10.0	1.5	42	0,24,42,60	45,57,72	0.15	27.9	7.2	7.7	3.0	16.0
	10.0	2.5	42	0,24,42,60	45,57,72	0.15	27.3	7.2	7.5	3.0	11.0
	10.0	3.5	42	0,27,45,63	45,57,72	0.14	25.9	7.2	7.2	2.9	8.0
	11.0	1.5	42	0,24,45,66,84	45,57,72	0.15	28.0	8.1	8.9	2.1	16.0
	11.0	2.5	42	0,24,45,63	45,57,72	0.15	27.5	8.1	8.7	3.2	16.0
	11.0	3.5	42	0,27,48,66	45,57,72	0.15	26.6	8.1	8.3	3.1	11.0
14.0	7.0	1.0	36	0,27,45	45,54,69,87	0.15	27.6	5.5	5.2	2.7	22.0
	7.0	2.0	36	0,27,45,60,75	45,54,69,87	0.14	26.5	5.5	5.3	1.6	16.0
	8.0	1.0	36	0,27,48	48,60,75	0.15	27.6	6.5	6.5	3.3	22.0
	8.0	2.0	36	0,27,48	48,60,75	0.14	26.9	6.5	6.6	3.3	16.0
	9.0	1.0	36	0,27,48	48,60,75	0.15	27.7	7.4	7.9	3.7	22.0
	9.0	2.0	36	0,27,48	48,60,75	0.15	27.2	7.4	7.9	3.7	16.0
15.0	11.0	1.5	39	0,24,45,63	45,57,72	0.15	29.4	8.1	9.0	3.1	16.0
	11.0	2.5	39	0,24,45,63	45,57,72	0.15	28.9	8.1	8.9	3.1	11.0
	11.0	3.5	39	0,24,45,63	45,57,72	0.15	27.9	8.1	8.6	3.1	8.0

表 B.3-2（续）

W(m)	H(m)	ΔH(m)	φ_{max}(°)	θ_i(°)	θ_i'(°)	L(mm)	D(m)	C(m)	S(m)	D_C(m)	F
16.0	8.0	1.0	33	0,27,45	48,60,75	0.14	29.0	6.5	6.4	3.3	22.0
	8.0	2.0	33	0,27,45	48,60,75	0.14	28.3	6.5	6.6	3.3	16.0
	9.0	1.0	33	0,27,48	48,60,75	0.14	29.1	7.4	7.8	3.8	22.0
	9.0	2.0	33	0,27,48	48,60,75	0.14	28.6	7.4	7.9	3.8	16.0
17.0	8.0	1.0	33	0,27,45	48,60,75	0.15	31.0	6.5	6.2	3.3	22.0
	8.0	2.0	33	0,27,45	48,60,75	0.15	30.2	6.5	6.4	3.3	16.0
	9.0	1.0	33	0,27,48	48,60,75	0.15	31.0	7.4	7.6	3.8	22.0
	9.0	2.0	33	0,27,48	48,60,75	0.15	30.5	7.4	7.8	3.8	16.0
18.0	9.0	1.0	30	0,27,48	48,60,75	0.14	30.3	7.4	7.2	3.7	22.0
	9.0	2.0	30	0,27,48	48,60,75	0.14	29.8	7.4	7.4	3.8	16.0

表 B.3-3 标志及相机姿态参数表（焦距 28mm 镜头）

W(m)	H(m)	ΔH(m)	φ_{max}(°)	θ_i(°)	θ_i'(°)	L(mm)	D(m)	C(m)	S(m)	D_C(m)	F
5.0	7.0	1.5	48	0,27,51,75	45,57,72	0.1	17.3	5.5	5.4	2.0	22.0
	7.0	2.5	48	0,30,54,78	45,57,72	0.1	17.3	5.5	5.2	1.9	16.0
6.0	7.0	1.5	51	0,24,45,63	42,51,63,81	0.1	17.5	4.7	4.5	2.0	22.0
	7.0	2.5	51	0,27,48,66	42,51,63,81	0.1	17.0	4.7	4.2	1.9	16.0
	8.0	1.5	51	0,24,45,66	42,54,69,87	0.1	20.0	5.5	5.5	2.2	22.0
	8.0	2.5	51	0,27,48,69	42,54,69,87	0.1	20.0	5.5	5.3	2.1	16.0
7.0	7.0	1.5	45	0,27,48,69	45,57,72	0.1	18.1	5.5	5.4	2.1	22.0
	7.0	2.5	45	0,30,51,72	45,57,72	0.1	17.3	5.5	5.1	2.0	16.0
	8.0	1.5	45	0,27,51	48,60,78	0.1	18.2	6.5	6.6	3.0	22.0
	8.0	2.5	45	0,30,54	48,60,75	0.1	17.7	6.5	6.3	2.9	22.0
	8.0	3.5	48	0,33,57,78	48,60,75	0.2	17.7	6.5	5.7	2.3	16.0

表 B.3-3（续）

W(m)	H(m)	ΔH(m)	φ_{max}(°)	θ_i(°)	θ_i(°)	L(mm)	D(m)	C(m)	S(m)	D_c(m)	F
7.0	9.0	1.5	45	0,27,51	48,60,78	0.1	20.4	7.4	7.8	3.2	22.0
		2.5	45	0,30,54	48,60,78	0.1	20.4	7.4	7.6	3.2	22.0
		3.5	45	0,30,57,81	48,60,75	0.1	20.4	7.4	7.2	2.5	16.0
	6.0	1.0	48	0,24,42,57	39,48,60,75	0.2	21.0	3.9	3.5	1.8	32.0
		2.0	48	0,24,42,57	39,48,60,75	0.1	19.6	3.9	3.4	1.8	22.0
8.0	7.0	1.5	42	0,27,48,69,87	45,57,72	0.1	21.0	5.5	5.5	1.4	22.0
		2.5	42	0,30,51,69	45,57,72	0.1	19.5	5.5	5.2	2.0	16.0
	8.0	1.5	42	0,27,48,69	48,60,75	0.1	21.1	6.5	6.7	2.4	22.0
		2.5	42	0,30,51	48,60,75	0.1	20.2	6.5	6.4	3.1	16.0
		3.5	45	0,33,54,75	48,60,75	0.2	19.8	6.5	5.8	2.3	11.0
	9.0	1.5	42	0,27,51	48,60,75	0.1	21.2	7.4	7.9	3.4	22.0
		2.5	42	0,27,51	48,60,75	0.1	20.6	7.4	7.7	3.4	22.0
		3.5	42	0,30,54,75	48,60,75	0.1	20.4	7.4	7.3	2.6	11.0
9.0	10.0	1.5	42	0,27,51	51,63,81	0.1	21.2	8.4	9.1	3.7	22.0
		2.5	42	0,27,51	51,63,81	0.1	20.9	8.4	8.9	3.7	22.0
		3.5	42	0,30,54,78	51,63,81	0.1	20.4	8.4	8.5	2.8	16.0
	11.0	1.5	42	0,27,54	51,66,84	0.1	22.8	9.4	10.4	3.8	22.0
		2.5	42	0,27,54	51,63,81	0.1	22.8	9.4	10.2	3.9	22.0
		3.5	42	0,30,57	51,63,81	0.1	22.8	9.4	9.9	3.8	16.0
10.0	6.0	1.0	45	0,24,39,54	39,48,60,75	0.1	23.5	3.9	3.4	1.9	32.0
		2.0	45	0,24,39,54	39,48,60,75	0.1	22.0	3.9	3.4	1.9	16.0
	7.0	1.0	45	0,24,42,60,75	42,51,63,81	0.1	23.6	4.7	4.4	1.4	32.0
		2.0	45	0,24,42,57	42,51,63,81	0.1	22.7	4.7	4.4	2.1	22.0

表 B. 3-3（续）

W(m)	H(m)	ΔH(m)	φ_{max}(°)	θ_i(°)	θ_i'(°)	L(mm)	D(m)	C(m)	S(m)	D_C(m)	F
11.0	8.0	1.5	39	0,27,48	48,60,75	0.1	23.4	6.5	6.7	3.2	22.0
		2.5	39	0,27,48,66	48,60,75	0.1	22.4	6.5	6.6	2.4	16.0
		3.5	42	0,30,51,69	48,60,75	0.1	21.6	6.5	6.0	2.4	11.0
	9.0	1.5	39	0,27,48	48,60,75	0.1	23.5	7.4	8.1	3.6	22.0
		2.5	39	0,27,48,69	48,60,75	0.1	22.8	7.4	7.9	2.7	16.0
		3.5	39	0,30,51,72	48,60,75	0.1	21.0	7.4	7.5	2.6	11.0
	10.0	1.5	39	0,27,51	51,63,81	0.1	23.5	8.4	9.4	3.8	22.0
		2.5	39	0,27,51	51,63,81	0.1	23.1	8.4	9.2	3.8	22.0
		3.5	39	0,30,54	51,63,81	0.1	22.0	8.4	8.8	3.6	16.0
	11.0	1.5	39	0,27,51	51,63,81	0.1	23.6	9.4	10.6	4.1	22.0
		2.5	39	0,27,51	51,63,81	0.1	23.3	9.4	10.4	4.1	22.0
		3.5	39	0,30,54	51,63,81	0.1	22.8	9.4	10.1	4.0	16.0
12.0	6.0	1.0	42	0,24,39,54,66,81	39,48,60,75	0.1	25.5	3.9	3.3	0.9	32.0
		2.0	42	0,24,39,54	39,48,60,75	0.1	23.9	3.9	3.4	1.8	16.0
	7.0	1.0	42	0,24,42,57,72,87	42,51,63,81	0.1	25.6	4.7	4.3	1.0	32.0
		2.0	42	0,24,42,57	42,51,63,81	0.1	24.6	4.7	4.3	2.1	22.0
	8.0	1.0	42	0,24,42,60,75	42,51,63,81	0.1	25.7	5.5	5.4	1.6	32.0
		2.0	42	0,24,42,60	42,51,63,81	0.1	25.0	5.5	5.4	2.3	22.0
	9.0	1.0	42	0,24,42,60	45,57,72	0.1	25.7	6.4	6.7	2.6	32.0
		2.0	42	0,24,42,60	45,57,72	0.1	25.2	6.4	6.6	2.7	22.0
13.0	10.0	1.5	36	0,27,48	51,63,81	0.1	25.4	8.4	9.5	4.0	22.0
		2.5	36	0,27,48	51,63,81	0.1	24.9	8.4	9.4	4.0	16.0
		3.5	36	0,30,51	51,63,81	0.1	23.7	8.4	9.2	3.8	11.0

表 B.3.3（续）

W(m)	H(m)	ΔH(m)	φ_{max}(°)	θ_i(°)	θ_i(°)	L(mm)	D(m)	C(m)	S(m)	D_C(m)	F
13.0	11.0	1.5	36	0,27,51	51,63,81	0.1	25.5	9.4	10.9	4.1	22.0
		2.5	36	0,27,51	51,63,81	0.1	25.1	9.4	10.8	4.2	22.0
		3.5	36	0,30,54	51,63,81	0.1	24.3	9.4	10.5	4.0	16.0
14.0	7.0	1.0	39	0,24,42,57,72,87	42,51,63,81	0.1	27.3	4.7	4.2	0.9	32.0
		2.0	39	0,24,42,57,72,87	42,51,63,81	0.1	26.3	4.7	4.3	1.1	16.0
	8.0	1.0	39	0,24,42,57,72,87	42,51,63,81	0.1	27.3	5.5	5.4	1.1	32.0
		2.0	39	0,24,42,57,72,87	42,51,63,81	0.1	26.6	5.5	5.4	2.4	22.0
	9.0	1.0	39	0,24,42,57	45,57,72	0.1	27.4	6.4	6.6	1.8	32.0
		2.0	39	0,24,42,60,75	45,57,72	0.1	26.9	6.4	6.6	2.6	22.0
15.0	11.0	1.5	33	0,27,51	51,63,81	0.1	27.1	9.4	11.0	4.2	22.0
		2.5	33	0,27,51	51,63,81	0.1	26.7	9.4	10.9	4.2	16.0
		3.5	36	0,30,51	51,63,81	0.2	28.3	9.4	10.4	4.4	16.0
16.0	8.0	1.0	39	0,24,42,57,72,87	42,51,63,81	0.2	31.5	5.5	5.0	1.0	32.0
		2.0	39	0,24,42,57,72,87	42,51,63,81	0.2	30.7	5.5	5.1	1.2	22.0
	9.0	1.0	39	0,24,42,57,72,87	45,57,72	0.2	31.6	6.4	6.2	1.2	32.0
		2.0	39	0,24,42,57	45,57,72	0.2	31.0	6.4	6.2	2.7	22.0
17.0	8.0	1.0	36	0,24,42,57,72,87	42,51,63,81	0.1	30.7	5.5	5.1	1.0	32.0
		2.0	36	0,24,42,57,72,87	42,51,63,81	0.1	29.9	5.5	5.3	1.2	16.0
	9.0	1.0	36	0,24,42,57,72,87	45,57,72	0.1	30.7	6.4	6.3	1.2	32.0
		2.0	36	0,24,42,57,72,87	45,57,72	0.1	30.2	6.4	6.4	1.4	22.0
18.0	9.0	1.0	36	0,24,42,57,72,87	45,57,72	0.1	32.7	6.4	6.2	1.1	32.0
		2.0	36	0,24,42,57,72,87	45,57,72	0.1	32.1	6.4	6.3	1.3	22.0

表 B.3-4　断面索引表

表号	镜头实际焦距（mm）	断面跨度（m）	页码
表 B.3-1	20	5.0～9.0	57
		9.0～11.0	58
		12.0～15.0	59
		16.0～18.0	60
表 B.3-2	24	5.0～9.0	61
		9.0～11.0	62
		12.0～15.0	63
		16.0～18.0	64
表 B.3-3	28	5.0～9.0	65
		9.0～11.0	66
		12.0～15.0	67
		16.0～18.0	68

确定相机极限姿态时，考虑相机布置于外侧摄站点和中间摄站点两种情况，以标志影像最小分辨率为约束，采用光束法对极限姿态进行搜索。外侧摄站极限姿态受方位角 φ 和俯仰角 θ 共同控制，单张影像覆盖范围主要受 φ 控制。为提升单张影像覆盖范围，φ 应尽可能大。相机 θ 按 $0° \sim \theta_{max}$ 变化拍摄，当标志出现在每张影像上任意位置时，其分辨率均满足要求，取方位角所能取到的最大值作为外侧摄站点的相机极限姿态。位于中间摄站点的相机方位角为 90°，为减少影像采集次数，相机起始俯仰角 θ_{min} 应尽可能小。相机俯仰角按 $\theta_{min} \sim \theta_{max}$ 变化拍摄，当标志出现在每张影像上任意位置时，其分辨率均满足要求，取俯仰角所能取到的最小值作为中间摄站点的相机极限姿态。

（3）根据相机姿态确定其视场范围，对标志布设密度进行估计。视场范围的大小决定了标志布设密度。考虑隧道二次衬砌表面纹理特征不显著，可能会出现无法识别特征点的问题，本规程按相机的最小包络视场范围至少分布有 1 个标志作为其布设密度控制指标。

以上三个前提可确保标志出现在任一张影像上的任意点时，其分辨率均满足要求，提高标志利用率。计算模型如图 B-2 所示。

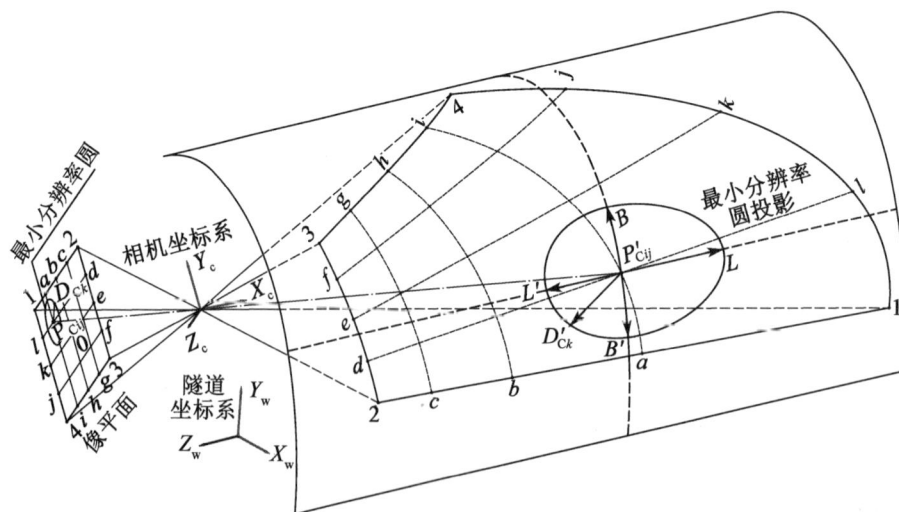

图 B-2　相机姿态及标志尺寸计算模型

1）相机姿态及标志尺寸

（1）像平面点向隧道面投影

如图 B-2 所示，按右手系设定隧道坐标系与相机坐标系，断面拟合椭圆 x 半轴长为 a，y 半轴长为 b。其中相机坐标系原点设于断面拟合椭圆圆心处。相机坐标系原点设于相机焦点处，相机焦距为 f，成像传感器长边长度为 l_s，短边长度为 b_s。对成像平面划分网格，其长边划分为 m 段，短边划分为 n 段（m、n 为奇数）。此时成像平面上共生成（$m+1$）（$n+1$）个网格点。相机坐标下，像平面中心坐标为（$-f$，0，0），成像平面四个边界点坐标为 1（$-f$，$b_s/2$，$l_s/2$）、2（$-f$，$b_s/2$，$-l_s/2$）、3（$-f$，$-b_s/2$，$-l_s/2$）、4（$-f$，$-b_s/2$，$l_s/2$），以 1 号点为行列起点，则第 i 行 j 列（$i \leq n+1$，$j \leq m+1$）点 $P_{Ci,j}$（$x_{Ci,j}$，$y_{Ci,j}$，$z_{Ci,j}$）的坐标为：

$$\left.\begin{array}{l} x_{Ci,j} = -f \\[2mm] y_{Ci,j} = \dfrac{b_s}{2} - (i-1)\dfrac{b_s}{n} \\[2mm] z_{Ci,j} = \dfrac{l_s}{2} - (j-1)\dfrac{l_s}{m} \end{array}\right\} \qquad (B\text{-}1)$$

相机坐标系下，点 $P_{Ci,j}$ 与焦点连线构成光束，其延长后与隧道表面相交构成投影点 $P'_{Ci,j}(x'_{Ci,j}, y'_{Ci,j}, z'_{Ci,j})$，则光束的直线方程为：

$$\frac{x'_{Ci,j}}{x_{Ci,j}} = \frac{y'_{Ci,j}}{y_{Ci,j}} = \frac{z'_{Ci,j}}{z_{Ci,j}} \qquad (B\text{-}2)$$

然后通过坐标变换建立 $P_{Ci,j}$ 与 $P'_{Ci,j}$ 间的映射关系。以隧道坐标系为参考，为便于计算，相机坐标系原点置于隧道坐标系 $x_w - y_w - z_w$ 平面内；相机坐标系相对于隧道坐标系原点偏移量为 Δx、Δy，相对于隧道坐标系 y 轴夹角为 φ、x 轴夹角为 θ，则相机坐标系与隧道坐标系变换关系为：

$$\left.\begin{array}{l} x_w = \cos\varphi \cdot \cos\theta \cdot x_c - \cos\varphi \cdot \sin\theta \cdot y_c + \sin\varphi \cdot z_c + \Delta x \\[2mm] y_w = \sin\theta \cdot x_c + \cos\theta \cdot y_c + \Delta y \\[2mm] z_w = -\sin\varphi \cdot \cos\theta \cdot x_c + \sin\varphi \cdot \sin\theta \cdot y_c + \cos\varphi \cdot z_c \end{array}\right\} \quad (B\text{-}3)$$

在隧道坐标系下，隧道面方程描述为：

$$\frac{x_w^2}{a^2} + \frac{y_w^2}{b^2} = 1$$

利用式（B-3）将其转化至相机坐标系中，得到：

$$\frac{(\cos\varphi \cdot \cos\theta \cdot x_c - \cos\varphi \cdot \sin\theta \cdot y_c + \sin\varphi \cdot z_c + \Delta x)^2}{a^2} + \frac{(\sin\theta \cdot x_c + \cos\theta \cdot y_c + \Delta y)^2}{b^2} = 1$$

由于每支光束与隧道椭圆面会有两个交点，因此将光束在相机坐标系下的隧道面投影点 $P'_{Ci,j}(x'_{Ci,j}, y'_{Ci,j}, z'_{Ci,j})$ 代入上式，并联立式（B-2）可求得 $P'_{Ci,j}$ 关于 $P_{Ci,j}$（$x_{Ci,j}$，$y_{Ci,j}$，$z_{Ci,j}$）的两组表达式。

a. 第一组：式（B-4）如下。

$x'_{Ci,j1} = y_{Ci,j}^{-1} f \left[(-2y_{Ci,j}^2 \Delta y \cos\theta a^2 + 2f y_{Ci,j} \Delta y \sin\theta a^2 + 2b^2 f y_{Ci,j} \Delta x \cos\theta \cos\varphi + 2b^2 y_{Ci,j}^2 \Delta x \cos\varphi \right.$

$$\sin\theta - 2b^2 y_{Ci,j} z_{Ci,j}\Delta x\sin\varphi)^2 - 4\ (a^2 b^2 y_{Ci,j}^2 - b^2\Delta x^2 y_{Ci,j}^2 - a^2\Delta y^2 y_{Ci,j}^2)\ (-f^2\sin^2\theta a^2 +$$

$$2fy_{Ci,j}\cos\theta\sin\theta a^2 - a^2 y_{Ci,j}^2\cos^2\theta - b^2 f^2\cos^2\theta\cos^2\varphi - b^2 y_{Ci,j}^2\cos^2\varphi\sin^2\theta - b^2 z_{Ci,j}^2\sin^2\varphi - 2b^2$$

$$fy_{Ci,j}\cos\theta\cos^2\varphi\sin\theta + 2b^2 fz_{Ci,j}\cos\theta\cos\varphi\sin\varphi + 2b^2 y_{Ci,j}z_{Ci,j}\cos\varphi\sin\theta\sin\varphi)]^{0.5}/\ (-f^2\sin^2\theta$$

$$a^2 + 2fy_{Ci,j}\cos\theta\sin\theta a^2 - 2a^2 y_{Ci,j}^2\cos^2\theta - b^2 f^2\cos^2\theta\cos^2\varphi - b^2 y_{Ci,j}^2\cos^2\varphi\sin^2\theta - b^2 z_{Ci,j}^2\sin^2\varphi$$

$$- 2b^2 fy_{Ci,j}\cos\theta\cos^2\varphi\sin\theta + 2b^2 fz_{Ci,j}\cos\theta\cos\varphi\sin\varphi + 2b^2 y_{Ci,j}z_{Ci,j}\cos\varphi\sin\theta\sin\varphi)\ - a^2 fy_{Ci,j}$$

$$\Delta y\cos\theta/\ (-f^2\sin^2\theta a^2 + 2a^2 fy_{Ci,j}\cos\theta\sin\theta - a^2 y_{Ci,j}^2\cos^2\theta - b^2 f^2\cos^2\theta\cos^2\varphi - b^2 y_{Ci,j}^2\cos^2\varphi$$

$$\sin^2\theta - b^2 z_{Ci,j}^2\sin^2\varphi - 2b^2 fy_{Ci,j}\cos\theta\cos^2\varphi\sin\theta + 2b^2 fz_{Ci,j}\cos\theta\cos\varphi\sin\varphi + 2b^2 y_{Ci,j}z_{Ci,j}$$

$$\cos\varphi\sin\theta\sin\varphi)\ + b^2 f^2\Delta x\cos\theta\cos\varphi/\ (-f^2\sin^2\theta a^2 + 2fy_{Ci,j}\cos\theta\sin\theta a^2 - a^2 y_{Ci,j}^2\cos^2\theta - b^2$$

$$f^2\cos^2\theta\cos^2\varphi - b^2 y_{Ci,j}^2\cos^2\varphi\sin^2\theta - b^2 z_{Ci,j}^2\sin^2\varphi - 2b^2 fy_{Ci,j}\cos\theta\cos^2\varphi\sin\theta + 2b^2 fz_{Ci,j}$$

$$\cos\theta\cos\varphi\sin\varphi + 2b^2 y_{Ci,j}z_{Ci,j}\cos\varphi\sin\theta\sin\varphi)\ + a^2 f^2\Delta y\sin\theta/\ (-f^2\sin^2\theta a^2 + 2fy_{Ci,j}$$

$$\cos\theta\sin\theta a^2 - a^2 y_{Ci,j}^2\cos^2\theta - b^2 f^2\cos^2\theta\cos^2\varphi - b^2 y_{Ci,j}^2\cos^2\varphi\sin^2\theta - b^2 z_{Ci,j}^2\sin^2\varphi - 2b^2 fy_{Ci,j}$$

$$\cos\theta\cos^2\varphi\sin\theta + 2b^2 fz_{Ci,j}\cos\theta\cos\varphi\sin\varphi + 2b^2 y_{Ci,j}z_{Ci,j}\cos\varphi\sin\theta\sin\varphi)\ + b^2 fy_{Ci,j}$$

$$\Delta x\cos\varphi\sin\theta/\ (-f^2\sin^2\theta a^2 + 2fy_{Ci,j}\cos\theta\sin\theta a^2 - a^2 y_{Ci,j}^2\cos^2\theta - b^2 f^2\cos^2\theta\cos^2\varphi - b^2 y_{Ci,j}^2$$

$$\cos^2\varphi\sin^2\theta - b^2 z_{Ci,j}^2\sin^2\varphi - 2b^2 fy_{Ci,j}\cos\theta\cos^2\varphi\sin\theta + 2b^2 fz_{Ci,j}\cos\theta\cos\varphi\sin\varphi + 2b^2 y_{Ci,j}z_{Ci,j}$$

$$\cos\varphi\sin\theta\sin\varphi)\ - b^2 fz_{Ci,j}\Delta x\sin\varphi/\ (-f^2\sin^2\theta a^2 + 2fy_{Ci,j}\cos\theta\sin\theta a^2 - a^2 y_{Ci,j}^2\cos^2\theta - b^2 f^2$$

$$\cos^2\theta\cos^2\varphi - b^2 y_{Ci,j}^2\cos^2\varphi\sin^2\theta - b^2 z_{Ci,j}^2\sin^2\varphi - 2b^2 fy_{Ci,j}\cos\theta\cos^2\varphi\sin\theta + 2b^2 fz_{Ci,j}$$

$$\cos\theta\cos\varphi\sin\varphi + 2b^2 y_{Ci,j}z_{Ci,j}\cos\varphi\sin\theta\sin\varphi)$$

$$y'_{Ci,j1} = \{\ -\ [(2a^2\Delta yfy_{Ci,j}\sin\theta - 2a^2\Delta y y_{Ci,j}^2\cos\theta + 2b^2\Delta xfy_{Ci,j}\cos\theta\cos\varphi + 2b^2\Delta x y_{Ci,j}^2\sin\theta\cos\varphi -$$

$$2b^2\Delta x y_{Ci,j}z_{Ci,j}\sin\varphi)^2 - 4\ (a^2 b^2 y_{Ci,j}^2 - a^2\Delta y^2 y_{Ci,j}^2 - b^2\Delta x^2 y_{Ci,j}^2)\ (-f^2 a^2\sin^2\theta + 2a^2 fy_{Ci,j}$$

$$\sin\theta\cos\theta - a^2 y_{Ci,j}^2\cos^2\theta - b^2 f^2\cos^2\theta\cos^2\varphi - 2b^2 fy_{Ci,j}\sin\theta\cos\theta\cos^2\varphi + 2b^2 fz_{Ci,j}\cos\theta\sin\varphi\cos\varphi$$

$$- b^2 y_{Ci,j}^2\sin^2\theta\cos^2\varphi + 2b^2 y_{Ci,j}z_{Ci,j}\sin\theta\sin\varphi\cos\varphi - b^2 z_{Ci,j}^2\sin^2\varphi)]^{0.5} - 2a^2\Delta yfy_{Ci,j}\sin\theta + 2a^2$$

$$\Delta y y_{Ci,j}^2\cos\theta - 2b^2\Delta xfy_{Ci,j}\cos\theta\cos\varphi - 2b^2\Delta x y_{Ci,j}^2\sin\theta\cos\varphi + 2b^2\Delta x y_{Ci,j}z_{Ci,j}\sin\varphi\}\ /\ [2$$

$$(-f^2 a^2\sin^2\theta + 2a^2 fy_{Ci,j}\sin\theta\cos\theta - a^2 y_{Ci,j}^2\cos^2\theta - b^2 f^2\cos^2\theta\cos^2\varphi - 2b^2 fy_{Ci,j}$$

$$\sin\theta\cos\theta\cos^2\varphi + 2b^2 fz_{Ci,j}\cos\theta\sin\varphi\cos\varphi - b^2 y_{Ci,j}^2\sin^2\theta\cos^2\varphi + 2b^2 y_{Ci,j}z_{Ci,j}\sin\theta\sin\varphi\cos\varphi -$$

$$b^2 z_{Ci,j}^2\sin^2\varphi)]$$

$$z'_{Ci,j1} = -y_{Ci,j}^{-1}\ \{z_{Ci,j}\ [(-2y_{Ci,j}^2\Delta y\cos\theta a^2 + 2fy_{Ci,j}\Delta y\sin\theta a^2 + 2b^2 fy_{Ci,j}\Delta x\cos\theta\cos\varphi + 2b^2 y_{Ci,j}^2$$

$$\Delta x\cos\varphi\sin\theta - 2b^2 y_{Ci,j}z_{Ci,j}\Delta x\sin\varphi)^2 - 4\ (a^2 b^2 y_{Ci,j}^2 - b^2\Delta x^2 y_{Ci,j}^2 - a^2\Delta y^2 y_{Ci,j}^2)\ (-f^2\sin^2\theta$$

$$a^2 + 2fy_{Ci,j}\cos\theta\sin\theta a^2 - a^2 y_{Ci,j}^2\cos^2\theta - b^2 f^2\cos^2\theta\cos^2\varphi - b^2 y_{Ci,j}^2\cos^2\varphi\sin^2\theta - b^2 z_{Ci,j}^2$$

$$\sin^2\varphi - 2b^2 fy_{Ci,j}\cos\theta\cos^2\varphi\sin\theta + 2b^2 fz_{Ci,j}\cos\theta\cos\varphi\sin\varphi + 2b^2 y_{Ci,j}z_{Ci,j}\cos\varphi\sin\theta\sin\varphi)]\}\ /$$

$$[2\ (-f^2\sin^2\theta a^2 + 2fy_{Ci,j}\cos\theta\sin\theta a^2 - a^2 y_{Ci,j}^2\cos^2\theta - b^2 f^2\cos^2\theta\cos^2\varphi - b^2 y_{Ci,j}^2\cos^2\varphi$$

$$\sin^2\theta - b^2 z_{Ci,j}^2\sin^2\varphi - 2b^2 fy_{Ci,j}\cos\theta\cos^2\varphi\sin\theta + 2b^2 fz_{Ci,j}\cos\theta\cos\varphi\sin\varphi + 2b^2 y_{Ci,j}z_{Ci,j}$$

$$\cos\varphi\sin\theta\sin\varphi)]\ + a^2 y_{Ci,j}z_{Ci,j}\Delta y\cos\theta/\ (-f^2\sin^2\theta a^2 + 2fy_{Ci,j}\cos\theta\sin\theta a^2 - a^2 y_{Ci,j}^2\cos^2\theta - b^2$$

$$f^2\cos^2\theta\cos^2\varphi - b^2 y_{Ci,j}^2\cos^2\varphi\sin^2\theta - b^2 z_{Ci,j}^2\sin^2\varphi - 2b^2 fy_{Ci,j}\cos\theta\cos^2\varphi\sin\theta + 2b^2 fz_{Ci,j}$$

$$\cos\theta\cos\varphi\sin\varphi + 2b^2 y_{Ci,j}z_{Ci,j}\cos\varphi\sin\theta\sin\varphi)\ - b^2 fz_{Ci,j}\Delta x\cos\theta\cos\varphi/\ (-f^2\sin^2\theta a^2 + 2fy_{Ci,j}$$

$$\cos\theta\sin\theta a^2 - a^2 y_{Ci,j}^2\cos^2\theta - b^2 f^2\cos^2\theta\cos^2\varphi - b^2 y_{Ci,j}^2\cos^2\varphi\sin^2\theta - b^2 z_{Ci,j}^2\sin^2\varphi - 2b^2 fy_{Ci,j}$$

$$\cos\theta\cos^2\varphi\sin\theta + 2b^2 fz_{\mathrm{C}i,j}\cos\theta\cos\varphi\sin\varphi + 2b^2 y_{\mathrm{C}i,j}z_{\mathrm{C}i,j}\cos\varphi\sin\theta\sin\varphi) - a^2 fz_{\mathrm{C}i,j}\Delta y\sin\theta/$$
$$(-f^2\sin^2\theta a^2 + 2fy_{\mathrm{C}i,j}\cos\theta\sin\theta a^2 - a^2 y_{\mathrm{C}i,j}^2\cos^2\theta - b^2 f^2\cos^2\theta\cos^2\varphi - b^2 y_{\mathrm{C}i,j}^2\cos^2\varphi\sin^2\theta - b^2$$
$$z_{\mathrm{C}i,j}^2\sin^2\varphi - 2b^2 fy_{\mathrm{C}i,j}\cos\theta\cos^2\varphi\sin\theta + 2b^2 fz_{\mathrm{C}i,j}\cos\theta\cos\varphi\sin\varphi + 2b^2 y_{\mathrm{C}i,j}z_{\mathrm{C}i,j}\cos\varphi\sin\theta\sin\varphi)$$
$$- b^2 y_{\mathrm{C}i,j}z_{\mathrm{C}i,j}\Delta x\cos\varphi\sin\theta/ (-f^2\sin^2\theta a^2 + 2fy_{\mathrm{C}i,j}\cos\theta\sin\theta a^2 - a^2 y_{\mathrm{C}i,j}^2\cos^2\theta - b^2 f^2\cos^2\theta$$
$$\cos^2\varphi - b^2 y_{\mathrm{C}i,j}^2\cos^2\varphi\sin^2\theta - b^2 z_{\mathrm{C}i,j}^2\sin^2\varphi - 2b^2 fy_{\mathrm{C}i,j}\cos\theta\cos^2\varphi\sin\theta + 2b^2 fz_{\mathrm{C}i,j}\cos\theta\cos\varphi$$
$$\sin\varphi + 2b^2 y_{\mathrm{C}i,j}z_{\mathrm{C}i,j}\cos\varphi\sin\theta\sin\varphi) + b^2 z_{\mathrm{C}i,j}^2\Delta x\sin\varphi/ (-f^2\sin^2\theta a^2 + 2fy_{\mathrm{C}i,j}\cos\theta\sin\theta a^2 -$$
$$a^2 y_{\mathrm{C}i,j}^2\cos^2\theta - b^2 f^2\cos^2\theta\cos^2\varphi - b^2 y_{\mathrm{C}i,j}^2\cos^2\varphi\sin^2\theta - b^2 z_{\mathrm{C}i,j}^2\sin^2\varphi - 2b^2 fy_{\mathrm{C}i,j}\cos\theta\cos^2\varphi$$
$$\sin\theta + 2b^2 fz_{\mathrm{C}i,j}\cos\theta\cos\varphi\sin\varphi + 2b^2 y_{\mathrm{C}i,j}z_{\mathrm{C}i,j}\cos\varphi\sin\theta\sin\varphi)$$

b. 第二组：式（B-5）如下。

$$x'_{\mathrm{C}i,j2} = - [(a^2 fy_{\mathrm{C}i,j}\Delta y\cos\theta) / (-f^2\sin^2\theta a^2 + 2fy_{\mathrm{C}i,j}\cos\theta\sin\theta a^2 - a^2 y_{\mathrm{C}i,j}^2\cos^2\theta - b^2 f^2\cos^2\theta$$
$$\cos^2\varphi - b^2 y_{\mathrm{C}i,j}^2\cos^2\varphi\sin^2\theta - b^2 z_{\mathrm{C}i,j}^2\sin^2\varphi - 2b^2 fy_{\mathrm{C}i,j}\cos\theta\cos^2\varphi\sin\theta + 2b^2 fz_{\mathrm{C}i,j}\cos\theta\cos\varphi$$
$$\sin\theta + 2b^2 y_{\mathrm{C}i,j}z_{\mathrm{C}i,j}\cos\varphi\sin\theta\sin\varphi)] + b^2 f^2\Delta x\cos\theta\cos\varphi/ (-f^2\sin^2\theta a^2 + 2fy_{\mathrm{C}i,j}\cos\theta\sin\theta$$
$$a^2 - a^2 y_{\mathrm{C}i,j}^2\cos^2\theta - b^2 f^2\cos^2\theta\cos^2\varphi - b^2 y_{\mathrm{C}i,j}^2\cos^2\varphi\sin^2\theta - b^2 z_{\mathrm{C}i,j}^2\sin^2\varphi - 2b^2 fy_{\mathrm{C}i,j}\cos\theta\cos^2\varphi$$
$$\sin\theta + 2b^2 fz_{\mathrm{C}i,j}\cos\theta\cos\varphi\sin\varphi + 2b^2 y_{\mathrm{C}i,j}z_{\mathrm{C}i,j}\cos\varphi\sin\theta\sin\varphi) + a^2 f^2\Delta y\sin\theta/ (-f^2\sin^2\theta$$
$$a^2 + 2fy_{\mathrm{C}i,j}\cos\theta\sin\theta a^2 - a^2 y_{\mathrm{C}i,j}^2\cos^2\theta - b^2 f^2\cos^2\theta\cos^2\varphi - b^2 y_{\mathrm{C}i,j}^2\cos^2\varphi\sin^2\theta - b^2 z_{\mathrm{C}i,j}^2\sin^2\varphi -$$
$$2b^2 fy_{\mathrm{C}i,j}\cos\theta\cos^2\varphi\sin\theta + 2b^2 fz_{\mathrm{C}i,j}\cos\theta\cos\varphi\sin\varphi + 2b^2 y_{\mathrm{C}i,j}z_{\mathrm{C}i,j}\cos\varphi\sin\theta\sin\varphi) + b^2 fy_{\mathrm{C}i,j}$$
$$\Delta x\cos\varphi\sin\theta/ (-f^2\sin^2\theta a^2 + 2fy_{\mathrm{C}i,j}\cos\theta\sin\theta a^2 - a^2 y_{\mathrm{C}i,j}^2\cos^2\theta - b^2 f^2\cos^2\theta\cos^2\varphi - b^2 y_{\mathrm{C}i,j}^2$$
$$\cos^2\varphi\sin^2\theta - b^2 z_{\mathrm{C}i,j}^2\sin^2\varphi - 2b^2 fy_{\mathrm{C}i,j}\cos\theta\cos^2\varphi\sin\theta + 2b^2 fz_{\mathrm{C}i,j}\cos\theta\cos\varphi\sin\varphi + 2b^2 y_{\mathrm{C}i,j}z_{\mathrm{C}i,j}$$
$$\cos\varphi\sin\theta\sin\varphi) - b^2 fz_{\mathrm{C}i,j}\Delta x\sin\varphi/ (-f^2\sin^2\theta a^2 + 2fy_{\mathrm{C}i,j}\cos\theta\sin\theta a^2 - a^2 y_{\mathrm{C}i,j}^2\cos^2\theta - b^2 f^2$$
$$\cos^2\theta\cos^2\varphi - b^2 y_{\mathrm{C}i,j}^2\cos^2\varphi\sin^2\theta - b^2 z_{\mathrm{C}i,j}^2\sin^2\varphi - 2b^2 fy_{\mathrm{C}i,j}\cos\theta\cos^2\varphi\sin\theta + 2b^2 fz_{\mathrm{C}i,j}$$
$$\cos\theta\cos\varphi\sin\varphi + 2b^2 y_{\mathrm{C}i,j}z_{\mathrm{C}i,j}\cos\varphi\sin\theta\sin\varphi) - y_{\mathrm{C}i,j}^{-1}f [(-2y_{\mathrm{C}i,j}^2\Delta y\cos\theta a^2 + 2fy_{\mathrm{C}i,j}$$
$$\Delta y\sin\theta a^2 + 2b^2 fy_{\mathrm{C}i,j}\Delta x\cos\theta\cos\varphi + 2b^2 y_{\mathrm{C}i,j}^2\Delta x\cos\varphi\sin\theta - 2b^2 y_{\mathrm{C}i,j}z_{\mathrm{C}i,j}\Delta x\sin\varphi)^2 - 4 (a^2 b^2$$
$$y_{\mathrm{C}i,j}^2 - b^2\Delta x^2 y_{\mathrm{C}i,j}^2 - a^2\Delta y^2 y_{\mathrm{C}i,j}^2) (-f^2\sin^2\theta a^2 + 2fy_{\mathrm{C}i,j}\cos\theta\sin\theta a^2 - a^2 y_{\mathrm{C}i,j}^2\cos^2\theta - b^2 f^2$$
$$\cos^2\theta\cos^2\varphi - b^2 y_{\mathrm{C}i,j}^2\cos^2\varphi\sin^2\theta - b^2 z_{\mathrm{C}i,j}^2\sin^2\varphi - 2b^2 fy_{\mathrm{C}i,j}\cos\theta\cos^2\varphi\sin\theta + 2b^2 fz_{\mathrm{C}i,j}\cos\theta\cos\varphi$$
$$\sin\varphi + 2b^2 y_{\mathrm{C}i,j}z_{\mathrm{C}i,j}\cos\varphi\sin\theta\sin\varphi)]^{0.5}/ [2 (-f^2\sin^2\theta a^2 + 2fy_{\mathrm{C}i,j}\cos\theta\sin\theta a^2 - a^2 y_{\mathrm{C}i,j}^2$$
$$\cos^2\theta - b^2 f^2\cos^2\theta\cos^2\varphi - b^2 y_{\mathrm{C}i,j}^2\cos^2\varphi\sin^2\theta - b^2 z_{\mathrm{C}i,j}^2\sin^2\varphi - 2b^2 fy_{\mathrm{C}i,j}\cos\theta\cos^2\varphi\sin\theta + 2b^2$$
$$fz_{\mathrm{C}i,j}\cos\theta\cos\varphi\sin\varphi + 2b^2 y_{\mathrm{C}i,j}z_{\mathrm{C}i,j}\cos\varphi\sin\theta\sin\varphi)]$$

$$y'_{\mathrm{C}i,j2} = \{ [(2a^2\Delta yfy_{\mathrm{C}i,j}\sin\theta - 2a^2\Delta yy_{\mathrm{C}i,j}^2\cos\theta + 2b^2\Delta xfy_{\mathrm{C}i,j}\cos\theta\cos\varphi + 2b^2\Delta xy_{\mathrm{C}i,j}^2\sin\theta\cos\varphi - 2b^2$$
$$\Delta xy_{\mathrm{C}i,j}z_{\mathrm{C}i,j}\sin\varphi)^2 - 4 (a^2 b^2 y_{\mathrm{C}i,j}^2 - a^2\Delta y^2 y_{\mathrm{C}i,j}^2 - b^2\Delta x^2 y_{\mathrm{C}i,j}^2) (-f^2 a^2\sin^2\theta + 2a^2 fy_{\mathrm{C}i,j}$$
$$\sin\theta\cos\theta - a^2 y_{\mathrm{C}i,j}^2\cos^2\theta - b^2 f^2\cos^2\theta\cos^2\varphi - 2b^2 fy_{\mathrm{C}i,j}\sin\theta\cos\theta\cos^2\varphi + 2b^2 fz_{\mathrm{C}i,j}$$
$$\cos\theta\sin\varphi\cos\varphi - b^2 y_{\mathrm{C}i,j}^2\sin^2\theta\cos^2\varphi + 2b^2 y_{\mathrm{C}i,j}z_{\mathrm{C}i,j}\sin\theta\sin\varphi\cos\varphi - b^2 z_{\mathrm{C}i,j}^2\sin^2\varphi)]^{0.5} - 2a^2$$
$$\Delta yfy_{\mathrm{C}i,j}\sin\theta + 2a^2\Delta yy_{\mathrm{C}i,j}^2\cos\theta - 2b^2\Delta xfy_{\mathrm{C}i,j}\cos\theta\cos\varphi - 2b^2\Delta xy_{\mathrm{C}i,j}^2\sin\theta\cos\varphi + 2b^2\Delta xy_{\mathrm{C}i,j}$$
$$z_{\mathrm{C}i,j}\sin\varphi\} / [2 (-f^2 a^2\sin^2\theta + 2a^2 fy_{\mathrm{C}i,j}\sin\theta\cos\theta - a^2 y_{\mathrm{C}i,j}^2\cos^2\theta - b^2 f^2\cos^2\theta\cos^2\varphi - 2b^2$$
$$fy_{\mathrm{C}i,j}\sin\theta\cos\theta\cos^2\varphi + 2b^2 fz_{\mathrm{C}i,j}\cos\theta\sin\varphi\cos\varphi - b^2 y_{\mathrm{C}i,j}^2\sin^2\theta\cos^2\varphi + 2b^2 y_{\mathrm{C}i,j}z_{\mathrm{C}i,j}$$
$$\sin\theta\sin\varphi\cos\varphi - b^2 z_{\mathrm{C}i,j}^2\sin^2\varphi)]$$

$$z'_{Ci,j_2} = a^2 y_{Ci,j} z_{Ci,j} \Delta y \cos\theta / (-f^2 \sin^2\theta a^2 + 2fy_{Ci,j}\cos\theta\sin\theta a^2 - a^2 y_{Ci,j}^2 \cos^2\theta - b^2 f^2 \cos^2\theta\cos^2\varphi - b^2$$

$$y_{Ci,j}^2 \cos^2\varphi\sin^2\theta - b^2 z_{Ci,j}^2 \sin^2\varphi - 2b^2 fy_{Ci,j}\cos\theta\cos^2\varphi\sin\theta + 2b^2 fz_{Ci,j}\cos\theta\cos\varphi\sin\varphi + 2b^2 y_{Ci,j}$$

$$z_{Ci,j}\cos\varphi\sin\theta\sin\varphi) - b^2 fz_{Ci,j}\Delta x\cos\theta\cos\varphi / (-f^2 \sin^2\theta a^2 + 2fy_{Ci,j}\cos\theta\sin\theta a^2 - a^2 y_{Ci,j}^2$$

$$\cos^2\theta - b^2 f^2 \cos^2\theta\cos^2\varphi - b^2 y_{Ci,j}^2 \cos^2\varphi\sin^2\theta - b^2 z_{Ci,j}^2 \sin^2\varphi - 2b^2 fy_{Ci,j}\cos\theta\cos^2\varphi\sin\theta + 2b^2$$

$$fz_{Ci,j}\cos\theta\cos\varphi\sin\varphi + 2b^2 y_{Ci,j}z_{Ci,j}\cos\varphi\sin\theta\sin\varphi) - a^2 fz_{Ci,j}\Delta y\sin\theta / (-f^2 \sin^2\theta a^2 + 2fy_{Ci,j}$$

$$\cos\theta\sin\theta a^2 - a^2 y_{Ci,j}^2\cos^2\theta - b^2 f^2 \cos^2\theta\cos^2\varphi - b^2 y_{Ci,j}^2 \cos^2\varphi\sin^2\theta - b^2 z_{Ci,j}^2 \sin^2\varphi - 2b^2 fy_{Ci,j}$$

$$\cos\theta\cos^2\varphi\sin\theta + 2b^2 fz_{Ci,j}\cos\theta\cos\varphi\sin\varphi + 2b^2 y_{Ci,j} z_{Ci,j}\cos\varphi\sin\theta\sin\varphi) - b^2 y_{Ci,j} z_{Ci,j}$$

$$\Delta x\cos\varphi\sin\theta / (-f^2 \sin^2\theta a^2 + 2fy_{Ci,j}\cos\theta\sin\theta a^2 - a^2 y_{Ci,j}^2\cos^2\theta - b^2 f^2 \cos^2\theta\cos^2\varphi - b^2 y_{Ci,j}^2$$

$$\cos^2\varphi\sin^2\theta - b^2 z_{Ci,j}^2 \sin^2\varphi - 2b^2 fy_{Ci,j}\cos\theta\cos^2\varphi\sin\theta + 2b^2 fz_{Ci,j}\cos\theta\cos\varphi\sin\varphi + 2b^2 y_{Ci,j}z_{Ci,j}$$

$$\cos\varphi\sin\theta\sin\varphi) + b^2 z_{Ci,j}^2\Delta x\sin\varphi / (-f^2 \sin^2\theta a^2 + 2fy_{Ci,j}\cos\theta\sin\theta a^2 - a^2 y_{Ci,j}^2\cos^2\theta - b^2 f^2$$

$$\cos^2\theta\cos^2\varphi - b^2 y_{Ci,j}^2\cos^2\varphi\sin^2\theta - b^2 z_{Ci,j}^2 \sin^2\varphi - 2b^2 fy_{Ci,j}\cos\theta\cos^2\varphi\sin\theta + 2b^2 fz_{Ci,j}$$

$$\cos\theta\cos\varphi\sin\varphi + 2b^2 y_{Ci,j}z_{Ci,j}\cos\varphi\sin\theta\sin\varphi) + y_{Ci,j}^{-1} z_{Ci,j} [(-2y_{Ci,j}^2\Delta y\cos\theta a^2 + 2fy_{Ci,j}$$

$$\Delta y\sin\theta a^2 + 2b^2 fy_{Ci,j}\Delta x\cos\theta\cos\varphi + 2b^2 y_{Ci,j}^2\Delta x\cos\theta\sin\varphi - 2b^2 y_{Ci,j}z_{Ci,j}\Delta x\sin\varphi)^2 - 4(a^2 b^2$$

$$y_{Ci,j}^2 - b^2\Delta x^2 y_{Ci,j}^2 - a^2\Delta y^2 y_{Ci,j}^2)(-f^2 \sin^2\theta a^2 + 2fy_{Ci,j}\cos\theta\sin\theta a^2 - a^2 y_{Ci,j}^2\cos^2\theta - b^2 f^2$$

$$\cos^2\theta\cos^2\varphi - b^2 y_{Ci,j}^2\cos^2\varphi\sin^2\theta - b^2 z_{Ci,j}^2\sin^2\varphi - 2b^2 fy_{Ci,j}\cos\theta\cos^2\varphi\sin\theta + 2b^2 fz_{Ci,j}\cos\theta\cos\varphi$$

$$\sin\varphi + 2b^2 y_{Ci,j}z_{Ci,j}\cos\varphi\sin\theta\sin\varphi)]^{0.5} / [2(-f^2\sin^2\theta a^2 + 2fy_{Ci,j}\cos\theta\sin\theta a^2 - a^2 y_{Ci,j}^2$$

$$\cos^2\theta - b^2 f^2\cos^2\theta\cos^2\varphi - b^2 y_{Ci,j}^2\cos^2\varphi\sin^2\theta - b^2 z_{Ci,j}^2\sin^2\varphi - 2b^2 fy_{Ci,j}\cos\theta\cos^2\varphi\sin\theta + 2b^2$$

$$fz_{Ci,j}\cos\theta\cos\varphi\sin\varphi + 2b^2 y_{Ci,j}z_{Ci,j}\cos\varphi\sin\theta\sin\varphi)]$$

利用以上两组表达式对于像平面上的 $(m+1)(n+1)$ 个网格点进行遍历（$i=1$，$2\cdots n+1$，$j=1$，$2\cdots m+1$）。由于相机采集的是相机坐标系下 x_c 轴正向的区域，因此对于每个遍历点的 $P'_{Ci,j}$，只取 $x_{Ci,j}>0$ 的解。

（2）建立标志尺寸与像平面的投影关系

标志是在隧道坐标系中安装的，其安装要求为：一边与隧道坐标系 z_w 向平行（即线路方向，如图 B-2 中 $P'_{Ci,j}L$ 或 $P'_{Ci,j}L'$）；另一边与安装点处隧道轮廓切线方向平行（如图 B-2 中 $P'_{Ci,j}B$ 或 $P'_{Ci,j}B'$）。按照前述要求，标志两边尺寸均不超过150mm，同时还需满足分辨率要求。即在图 B-2 中，以像平面上任意点 $P_{Ci,j}$ 为圆心，以 $15P$（P 为传感器单个像素尺寸）为半径作最小分辨率圆，该圆上的点投影至隧道面形成最小分辨率圆投影，圆心投影点为 $P'_{Ci,j}$。

为在像平面上描述最小分辨率圆的坐标，如图 B-3 所示，将其离散化处理：将其圆周上等分为 K 份，共生成 K 个离散点，对于任意离散点 D_{Ck}（$k=1$，$2\cdots K$），其在相机坐标下的坐标可写为：

$$\left.\begin{array}{l} x_{Ck} = -f \\ y_{Ck} = y_{Ci,j} + 15P\sin k\Delta\alpha \\ z_{Ck} = z_{Ci,j} + 15P\cos k\Delta\alpha \\ \Delta\alpha = \dfrac{2\pi}{K} \end{array}\right\} \tag{B-6}$$

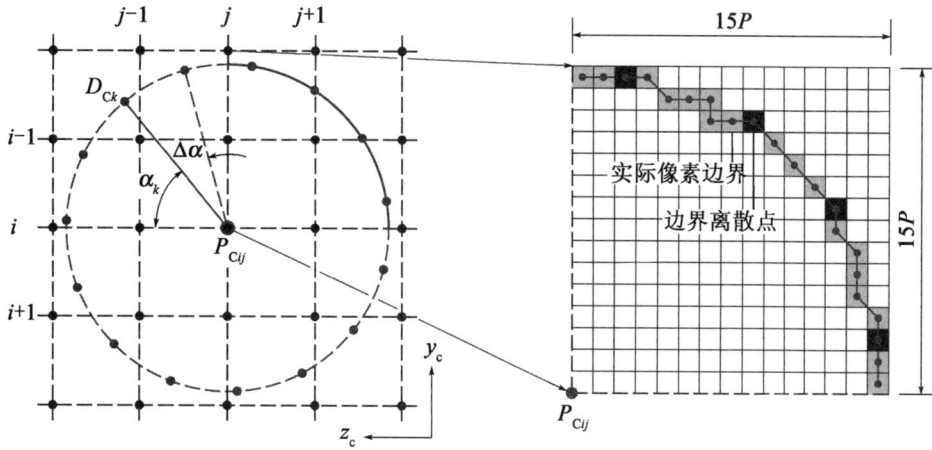

图 B-3　最小分辨率圆离散化处理

圆周等分数 K 受像素尺寸影响，当等分数超过圆周像素总数时，则对于提升计算精度没有意义。图 B-3 中示意了 1/4 圆的实际像素多边形边界，其边长为 P 的边有 14 条，边长为 $\sqrt{2}P$ 的边有 7 条，由此可推算出圆周等分数 K 为：

$$K = \frac{2\pi \times 15P}{\frac{2}{3} \times P + \frac{1}{3} \times \sqrt{2}P} \approx 83$$

因此将全圆进行 83 等分时的精度与像素分辨率一致，其相应的角度增量 $\Delta\alpha = 360°/83 \approx 4.337°$。同理利用式（B-4）和式（B-5）可将像平面最小分辨率圆周离散点 D_{Ck} (x_{Ck}, y_{Ck}, z_{Ck}) 投影至相机坐标系下的隧道曲面 $D'_{Ck}(x'_{Ck}, y'_{Ck}, z'_{Ck})$。

在某一相机姿态 φ、θ 下，当像平面上所有点均符合成像要求时，其任意点的最小分辨率圆上理论上存在这样一组 D_{Ck} 点，其对应的 D'_{Ck} 点与圆心投影点 P'_{Cij} 距离不超过 0.15m，且方向与图 B-2 中 $P'_{Ci,j}L$、$P'_{Ci,j}L'$、$P'_{Ci,j}B$ 或 $P'_{Ci,j}B'$ 四者其一保持一致。由于标志尺寸放置的方位是以隧道坐标系为参考，而前述 $P'_{Ci,j}$ 是采用相机坐标系表达，因此采用式（B-3）将其转化至隧道坐标系，转化后的各点表示为 $P'_{Wi,j}(x'_{Wi,j}, y'_{Wi,j}, z'_{Wi,j})$。

在隧道坐标系中，向量 $\boldsymbol{P}'_{Wi,j}\boldsymbol{L}'$ 方向与 z_w 轴一致，其向量为：

$$\boldsymbol{P}'_{Wi,j}\boldsymbol{L}' = (0,0,1)$$

向量 $\boldsymbol{P}'_{Wi,j}\boldsymbol{B}$ 方向与断面拟合椭圆的切线方向一致且与 z_w 轴垂直，且 $P'_{Wi,j}$ 点满足断面拟合椭圆方程，故可用 $P'_{Wi,j}$ 点微分表示：

$$\boldsymbol{P}'_{Wi,j}\boldsymbol{B} = (\mathrm{d}x, \mathrm{d}y, 0) = \left(\left.\frac{\mathrm{d}x}{\mathrm{d}y}\right|_{y=y'_{Wi,j}}, 1, 0\right) = \left(\frac{-ay'_{Wi,j}}{\sqrt{b^4 - b^2 y'^2_{Wi,j}}}, 1, 0\right)$$

由于 D'_{Ck} 是基于圆周等分点生成，为减少遍历过程中坐标变换次数，我们将上述两个目标向量 $\boldsymbol{P}'_{Wi,j}\boldsymbol{L}'$、$\boldsymbol{P}'_{Wi,j}\boldsymbol{B}$ 通过式（B-7）转化至相机坐标系中，即可直接与 $\boldsymbol{P}'_{Ci,j}\boldsymbol{D}'_{Ck}$ 向量进行方向比较：

$$\left.\begin{aligned}
x_c &= \cos\theta \cdot \cos\varphi(x_w - \Delta x) + \sin\theta(y_w - \Delta y) - \cos\theta \cdot \sin\varphi \cdot z_w \\
y_c &= -\sin\theta \cdot \cos\varphi(x_w - \Delta x) + \cos\theta(y_w - \Delta y) + \sin\theta \cdot \sin\varphi \cdot z_w \\
z_c &= \sin\varphi(x_w - \Delta x) + \cos\varphi \cdot z_w
\end{aligned}\right\} \tag{B-7}$$

$P'_{Ci,j}D'_{Ck}$向量与转化至相机坐标系后的目标向量分别为：

$$P'_{Ci,j}D'_{Ck} = (x'_{Ck} - x'_{Ci,j}, y'_{Ck} - y'_{Ci,j}, z'_{Ck} - z'_{Ci,j})$$

$$P'_{Ci,j}L' = (-\cos\theta\sin\varphi, \sin\theta\sin\varphi, \cos\varphi)$$

$$P'_{Ci,j}B = \left(\frac{-ay'_{Wi,j}\cos\theta\sin\varphi}{\sqrt{b^4 - b^2 y'^2_{Wi,j}}} + \sin\theta, \frac{ay'_{Wi,j}\sin\theta\cos\varphi}{\sqrt{b^4 - b^2 y'^2_{Wi,j}}} + \cos\theta, \frac{-ay'_{Wi,j}\sin\varphi}{\sqrt{b^4 - b^2 y'^2_{Wi,j}}} \right)$$

当$P'_{Ci,j}D'_{Ck}$向量与目标向量方向共线时，此时D'_{Ck}点即为标志一边的端点，其与目标向量的方向余弦为：

$$\left. \begin{aligned} \cos <P'_{Ci,j}D'_{Ck}, P'_{Ci,j}L'> = \left| \frac{P'_{Ci,j}D'_{Ck} \cdot P'_{Ci,j}L'}{|P'_{Ci,j}D'_{Ck}| \cdot |P'_{Ci,j}L'|} \right| \\ \cos <P'_{Ci,j}D'_{Ck}, P'_{Ci,j}B> = \left| \frac{P'_{Ci,j}D'_{Ck} \cdot P'_{Ci,j}B}{|P'_{Ci,j}D'_{Ck}| \cdot |P'_{Ci,j}B|} \right| \end{aligned} \right\} \quad （B-8）$$

按式（B-8）对每个D'_{Ck}点进行计算，选取$\cos <P'_{Ci,j}D'_{Ck}, P'_{Ci,j}L'>$、$\cos <P'_{Ci,j}D'_{Ck}, P'_{Ci,j}B>$值与1最接近的$D'_{Ck}$作为标志一边的端点。再按式（B-9）计算出$P'_{Ci,j}$点处距相机焦点的距离$D_{i,j}$，标志沿隧道坐标系$z_w$方向和断面切向的尺寸$L_{i,j}$、$B_{i,j}$。距离$D_{i,j}$即为任意投影点至相机焦点的距离，其最大值限制了相机单张影像的最大视距。

$$L_{i,j} = |P'_{Ci,j}L'|, B_{i,j} = |P'_{Ci,j}B|, D_{i,j} = \sqrt{x'^2_{Ci,j} + y'^2_{Ci,j} + z'^2_{Ci,j}} \quad （B-9）$$

（3）算法实现

①首先计算中间摄站：

第一步：对于某一断面参数W_d、H_e、ΔH_f组合确定第g种断面类型。

第二步：在第一步给定的第g种断面下，取$\varphi = 90°$不变，以$\theta = 90°$为初始值，$\Delta\theta$（本规程中取$-3°$，因为精密齿轮云台的最小分度值为3°，以下同理）为步长，确定本循环内相机姿态$\theta_h = 90° + h\Delta\theta$（$h = 1, 2, 3\cdots$）。

第三步：在第二步给定的姿态下，遍历像平面上各网格点，计算得到隧道曲面上$(m+1)(n+1)$个投影点$P'_{Ci,j}$、视距$D_{i,j}$及相应标志尺寸$L_{i,j}$、$B_{i,j}$（$i = 1, 2\cdots n+1$；$j = 1, 2\cdots m+1$）。

第四步：对第三步计算的$(m+1)(n+1)$个标志尺寸$L_{i,j}$、$B_{i,j}$，若均小于0.15m，计算$L_g = \max (L_{i,j}, L_g)$，$B_g = \max (B_{i,j}, B_g)$，$D_g = \max (D_{i,j}, D_g)$并存储，再返回第二步计算下一循环相机姿态$\theta_{h+1}$；否则表明本循环相机姿态$\theta_h$已超过临界值，此时输出上一循环$\theta$值作为俯仰角控制指标：$\theta_{g\min} = \theta_{h-1}$。

第五步：返回第一步计算第$g+1$种断面类型，直至遍历完所有断面。

②然后计算外侧摄站：

第一步：对于某一断面参数W_d、H_e、ΔH_f组合确定第g种断面类型。

第二步：在第一步给定的第g种断面下，以$\varphi = 0°$为初始值，$\Delta\varphi$（本规程中取$+3°$）为步长，确定本方位角循环内$\varphi_k = k\Delta\varphi$（$k = 1, 2, 3\cdots$）。

第三步：在第一步给定的第g种断面及在第二步给定的φ_k下，以$\theta = 0°$为初始值，以$\Delta\theta$（本规程中取$+3°$）为步长，确定本俯仰角循环内$\theta_h = h\Delta\theta$（$h = 1, 2, 3\cdots$

$90°/\Delta\theta$)。

第四步：在第三步给定的姿态下，遍历像平面上各网格点，计算得到隧道曲面上 $(m+1)$ $(n+1)$ 个投影点 $P'_{Ci,j}$、视距 $D_{i,j}$ 及相应标志尺寸 $L_{i,j}$、$B_{i,j}$ ($i=1$，$2\cdots n+1$；$j=1$，$2\cdots m+1$)。

第五步：当 $h\leqslant 90°/\Delta\theta$，对第四步计算的 $(m+1)$ $(n+1)$ 个标志尺寸 $L_{i,j}$、$B_{i,j}$，若 $L_{i,j}$、$B_{i,j}$ 均小于 0.15m，计算 $L'_g=\max$ ($L_{i,j}$，L'_g)，$B'_g=\max$ ($B_{i,j}$，B'_g)，$D'_g=\max$ ($D_{i,j}$，D'_g) 并存储。如果 $h<90°/\Delta\theta$，则返回第三步计算下一俯仰角循环相机姿态 θ_{h+1}；否则返回第二步计算下一方位角循环相机姿态 φ_{k+1}。若 $L_{i,j}$、$B_{i,j}$ 任意一个大于 0.15m，则表明本方位角循环内相机姿态 φ_k 已超过临界值，此时输出上一方位角循环的 φ 值作为方位角控制指标：$\varphi_{g\max}=\varphi_{k-1}$。

第六步：返回第一步计算第 $g+1$ 种断面类型，直至遍历完所有断面。

③最后进行数据汇总：

对于第 g 种断面类型，其最优标志尺寸为 $L=\max$ (L_g，L'_g)，$B=\max$ (B_g，B'_g)；最大视距为 $D=\max$ (D_g，D'_g)；中间摄站最小俯仰角为 $\theta_{g\min}$；外侧摄站最大方位角为 $\varphi_{g\max}$。算法结构如图 B-4 所示。

2）标志布置

（1）像平面边缘点投影

标志在隧道面上的布置密度受相机视场范围的影响。本规程确定标志布置的原则是：在保证标志的影像分辨率前提下，对于存在视场搭接的两张影像，至少有 1 个同名标志同时出现在该两张影像上。确定布置密度的基本思路是：首先计算在相机 φ、θ 姿态下视场边界内，沿隧道轴线和隧道断面切向的最大视场限界，如图 B-5 中"环向最宽限界"和"纵向最远限界"所示；再遍历各种姿态的，最后取沿隧道轴线和隧道断面切向最大视场限界的最小值。

为简化计算量，仅提取像平面边界进行计算。在相机坐标下，基于前述成像平面划分网格，其长、短边已分别划分为 m、n 段，各有 $m+1$、$n+1$ 点，像平面边界的 $2(m+n)$ 个点构成一闭合矩形。仍以 1 号点为行列起点，则像平面四条边界上的各点可按以下式子生成 ($i=2$，$3\cdots n$；$j=1$，$2\cdots m+1$)：

$$\begin{cases} l_{12}: x_{1,j}=-f & y_{1,j}=\dfrac{b_s}{2} & z_{1,j}=\dfrac{l_s}{2} \\[2mm] l_{23}: x_{i,m+1}=-f & y_{i,m+1}=\dfrac{b_s}{2}-i\cdot\dfrac{b_s}{n} & z_{i,m+1}=-\dfrac{l_s}{2} \\[2mm] l_{34}: x_{n+1,j}=-f & y_{n+1,j}=-\dfrac{b_s}{2} & z_{n+1,j}=\dfrac{l_s}{2}-j\cdot\dfrac{l_s}{m} \\[2mm] l_{41}: x_{i,1}=-f & y_{i,1}=\dfrac{b_s}{2}-i\cdot\dfrac{b_s}{n} & z_{i,1}=\dfrac{l_s}{2} \end{cases}$$

通过式（B-4）和式（B-5）将以上 $2(m+n)$ 个边界点投影到隧道面，生成视场边界投影点 $P'_{Ci,j}(x'_{Ci,j}, y'_{Ci,j}, z'_{Ci,j})$，如图 B-5 中 $a\sim l$ 点所示。我们计算的目标是，在 $P'_{i,j}$ 点群围成的边界下，在世界坐标系中在隧道曲面上找到分别平行于隧道方向和断面切线方向割线长度的最大值（即图 B-5 中"环向最宽限界"和"纵向最远限界"所表示的曲线长度）。由于计算的曲线是参考隧道坐标系生成的，因此我们利用式（B-3）将 $P'_{\mathrm{C}i,j}$（$x'_{\mathrm{C}i,j}$，$y'_{\mathrm{C}i,j}$，$z'_{\mathrm{C}i,j}$）转化为隧道坐标系值 $P'_{\mathrm{W}i,j}$（$x'_{\mathrm{W}i,j}$，$y'_{\mathrm{W}i,j}$，$z'_{\mathrm{W}i,j}$）。

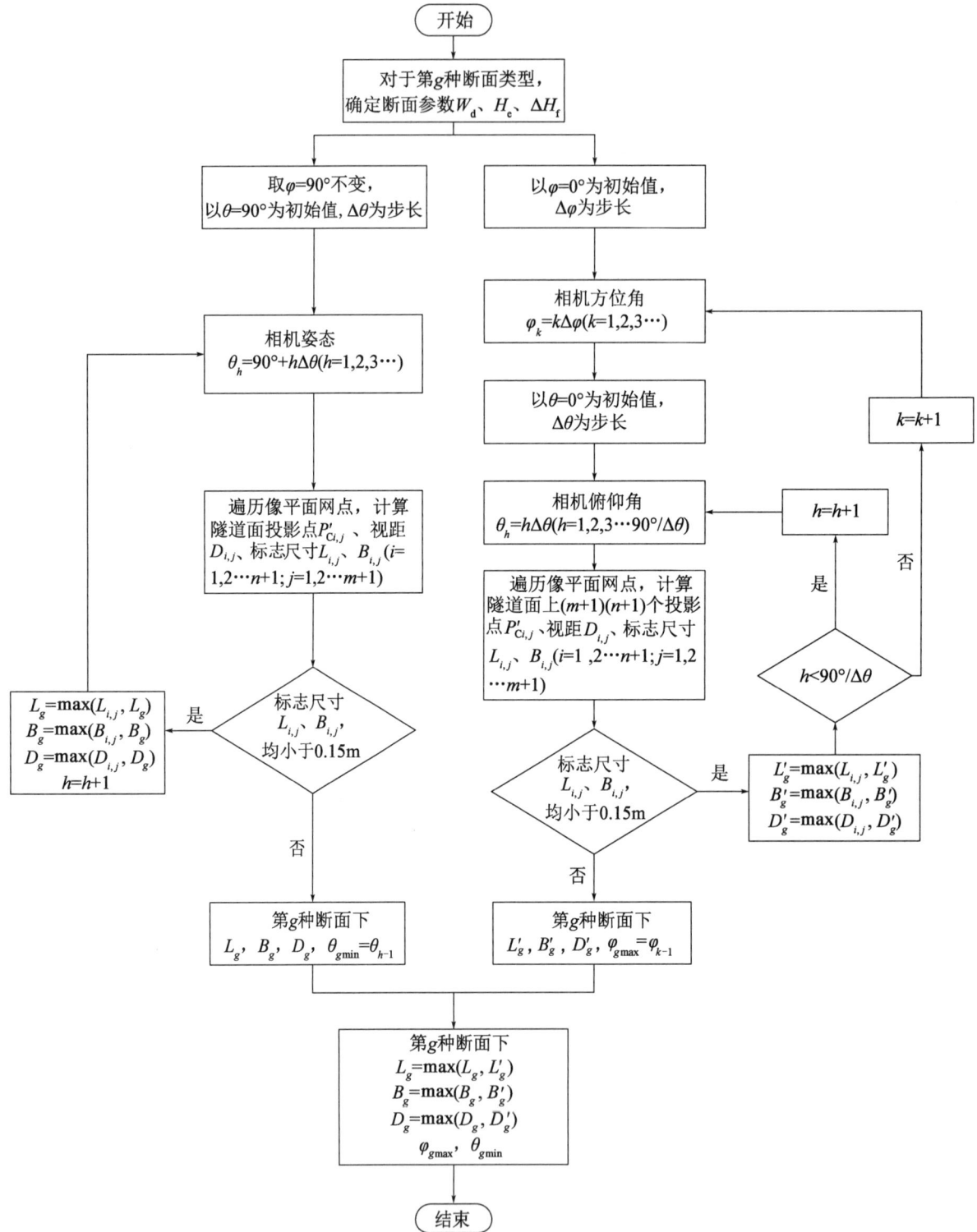

图 B-4　相机姿态及标志尺寸的算法

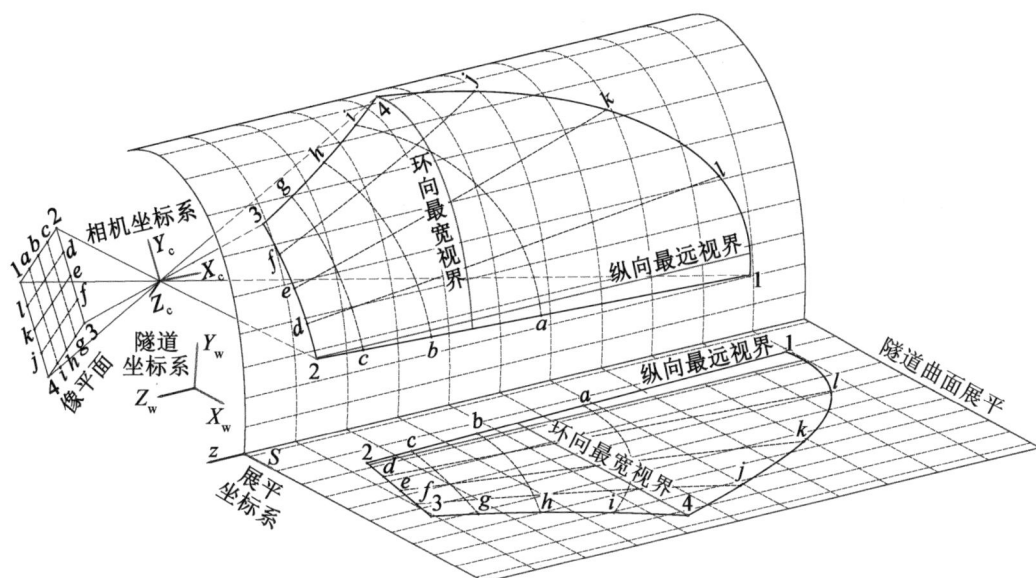

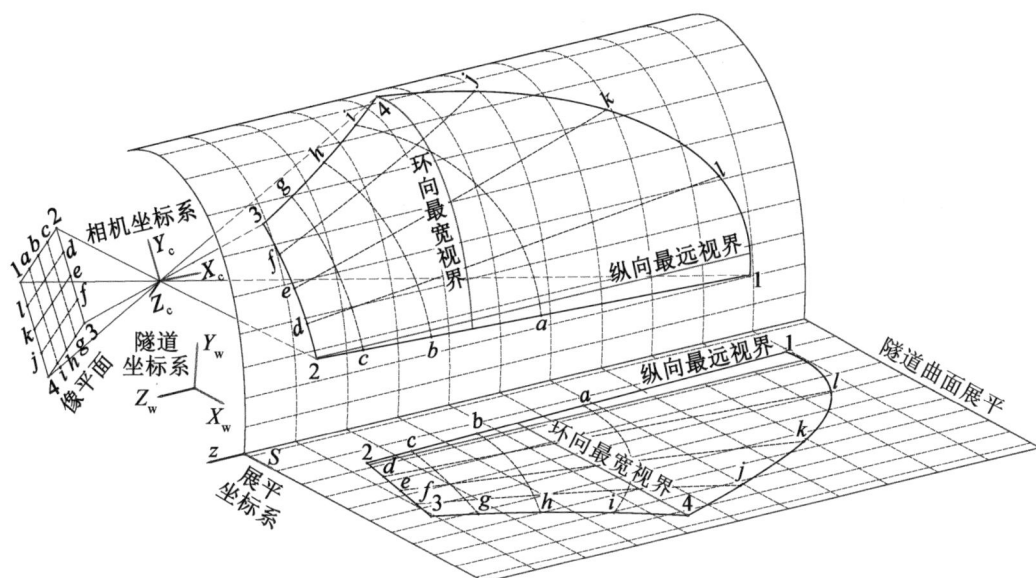

图 B-5　标志布置计算模型

（2）隧道柱面坐标展平

由于 $P'_{\mathrm{W}i,j}$ 各点位于隧道曲面上，不便于曲线长度计算。但由于隧道曲面为椭圆柱面，属于可展曲面，可进行保长变换至平面坐标系中，因此考虑将隧道曲面展平（如图 B-5 中"隧道曲面展平"所示），将 $P'_{\mathrm{W}i,j}$ 变换至展平坐标系中，以便求解距离。

隧道坐标系展平示意如图 B-6 所示。展平过程中，隧道坐标系 z_{w} 保持不变，因此展平坐标系 Z 与 z_{w} 一致，故 $z'_{\mathrm{W}i,j}=Z_{\mathrm{W}i,j}$；断面切向防线展平后，弧长将转变为纵坐标 S。因此可计算出断面弧长表达式，描述曲面上点沿断面切向的变化，从而将隧道坐标系下的 $(x'_{\mathrm{W}i,j},\ y'_{\mathrm{W}i,j},\ z'_{\mathrm{W}i,j})$ 变换为展平坐标系下的 $(Z_{\mathrm{W}i,j},\ S_{\mathrm{W}i,j})$。

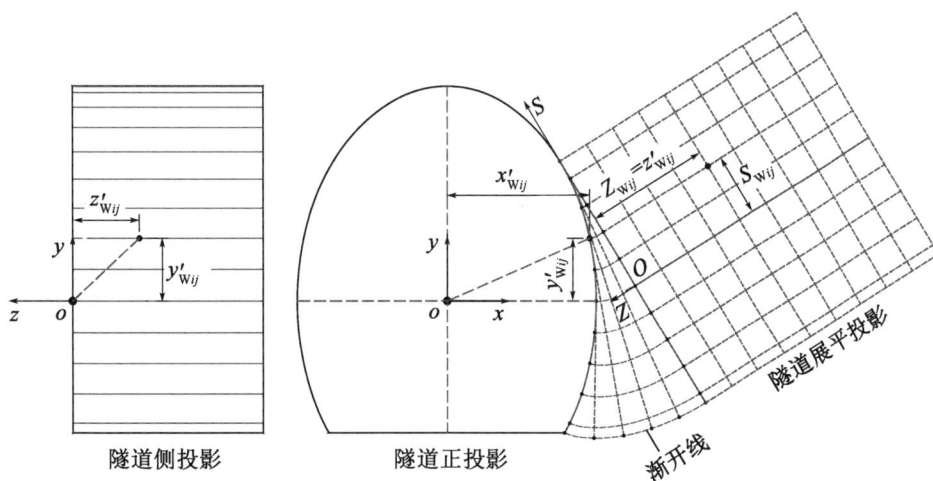

图 B-6　视场边界插值原理

椭圆弧长由于没有精确解，本规程参考了《椭圆弧长的级数表达式及其近似计算》（冯有宽，2018）一文中给出的近似计算方法进行弧长计算。在隧道坐标系下，隧道断面轮廓为椭圆，可采用以下参数方程描述：

$$x = a\cos\alpha; y = b\sin\alpha$$

式中：a——椭圆 x 方向半轴长；

　　　b——椭圆 y 方向半轴长。

参考文献中给出了以 x 轴正向的长轴端点为起算点的情况：

当 $a > b$ 时，首先根据动点坐标计算与之相应的离心角：

$$S_{\mathrm{W}i,j} = \frac{L\alpha_{\mathrm{W}i,j}}{2\pi} - \frac{\sin 2\alpha_{\mathrm{W}i,j}}{4\pi\left[\dfrac{\sin^2\alpha_{\mathrm{W}i,j}}{(2a\pi - L)^{13/3}} + \dfrac{\cos^2\alpha_{\mathrm{W}i,j}}{(L - 2b\pi)^{13/3}}\right]^{3/13}} \tag{B-10}$$

$$h = \left(\frac{a - b}{a + b}\right)^2$$

$$L = \pi(a + b)\left(1 + \frac{3h}{10 + \sqrt{4 - 3h}}\right)$$

$$\begin{cases} x'_{\mathrm{W}i,j} = a \cdot \cos\alpha_{\mathrm{W}i,j} \\ y'_{\mathrm{W}i,j} = b \cdot \sin\alpha_{\mathrm{W}i,j} \end{cases} \Rightarrow \alpha_{\mathrm{W}i,j} = \begin{cases} \arcsin\dfrac{y'_{\mathrm{W}i,j}}{b} & (x'_{\mathrm{W}i,j} > 0) \\ \pi - \arcsin\dfrac{y'_{\mathrm{W}i,j}}{b} & (x'_{\mathrm{W}i,j} < 0) \end{cases}$$

式中：$\alpha_{\mathrm{W}i,j}$——椭圆上一点 $(x'_{\mathrm{W}i,j}, y'_{\mathrm{W}i,j})$ 处对应的离心角。

当 $a < b$ 时，椭圆形式与文献中不一致，无法直接用于弧长计算。为此我们先对 $a > b$ 时坐标系 xoy 逆时针旋转 90° 得到新坐标系 $x'oy'$，变换后坐标系下椭圆参数方程写为：

$$\begin{cases} x'_{\mathrm{W}i,j} = -y'_{\mathrm{W}i,j} = a \cdot \cos\alpha_{\mathrm{W}i,j} \\ y'_{\mathrm{W}i,j} = x'_{\mathrm{W}i,j} = b \cdot \sin\alpha_{\mathrm{W}i,j} \end{cases} \Rightarrow \alpha'_k = \begin{cases} \arcsin\dfrac{x'_{\mathrm{W}i,j}}{b} & (-y'_{\mathrm{W}i,j} > 0) \\ \pi - \arcsin\dfrac{x'_{\mathrm{W}i,j}}{b} & (-y'_{\mathrm{W}i,j} < 0) \end{cases}$$

在变换后的坐标系可直接应用文献方法计算椭圆弧长，但需要交换 S_k 表达式中 a、b 位置后计算，其余的参数保持不变。变换后的展平坐标系，$Z_{\mathrm{W}i,j} = z'_{\mathrm{W}i,j}$，$x'_{\mathrm{W}i,j}$ 和 $y'_{\mathrm{W}i,j}$ 则按式（B-10）和式（B-11）变换为 $S_{\mathrm{W}i,j}$。

$$S_{\mathrm{W}i,j} = \frac{L\alpha_{\mathrm{W}i,j}}{2\pi} - \frac{\sin 2\alpha_{\mathrm{W}i,j}}{4\pi\left[\dfrac{\sin^2\alpha_{\mathrm{W}i,j}}{(2b\pi - L)^{13/3}} + \dfrac{\cos^2\alpha_{\mathrm{W}i,j}}{(L - 2a\pi)^{13/3}}\right]^{3/13}} \tag{B-11}$$

（3）边界点投影插值

前述方法已经完成了像平面边缘点在隧道面的投影和展平，如图 B-7 所示。对于 ZS 展平坐标系内的封闭边界 1-2-3-4，需找到与坐标轴平行的两条线，使其在 Z 方向与 S 方向上，与边界交点的距离分别达到最大，此即为单张影像在隧道纵向（Z 方向）和隧道断面切向（S 方向）的最大视场范围。

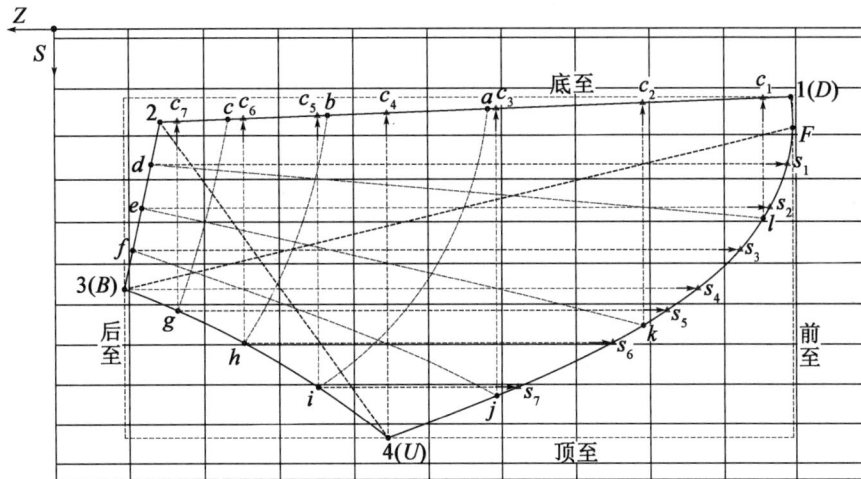

图 B-7　视场边界插值原理示意图

表 B.3-1 ～ 表 B.3-3 中的 C、S 值是基于上述计算模型，采用遍历边界点进行数值计算而来。具体方法是：

逐个计算 $2\,(m+n)$ 个边界点群 $P_{Wi,j}\,(Z_{Wi,j},\ S_{Wi,j})$ 的四至范围。顶至点 $U\,(Z_{[\min(S)]},\ \min\,(S))$；底至点 $D\,(Z_{[\max(S)]},\ \max\,(S))$；前至点 $F\,(\min\,(Z),\ S_{[\min(Z)]})$；后至点 $B\,(\max\,(Z),\ S_{[\max(Z)]})$。以上坐标描述中，$\max\,(Z)$、$\min\,(Z)$、$\max\,(S)$、$\min\,(S)$ 表示边界点群中 Z、S 坐标的最大、最小值；$S_{[\max(Z)]}$ 表示当某点 Z 坐标为 $\max\,(Z)$ 时，该点对应的 S 坐标值，其余点表述类同。

对于 S 纵向的最大距离：连接前至点 F、后至点 B，构建顶-底分区线，其直线方程为：

$$S' = S_{[\min(Z)]} + \frac{S_{[\max(Z)]} - S_{[\min(Z)]}}{\max(Z) - \min(Z)} \cdot [Z - \min(Z)] \qquad (B\text{-}12)$$

将 $2\,(m+n)$ 个边界点 $Z_{Wi,j}$ 值依次代入式（B-12）得到相应的 $S'_{Wi,j}$ 值：

$$S'_{Wi,j} = S_{[\min(Z)]} + \frac{S_{[\max(Z)]} - S_{[\min(Z)]}}{\max(Z) - \min(Z)} \cdot [Z - \min(Z)]$$

则 $S_{Wi,j} < S'_{Wi,j}$ 的点位于直线 BF 下方，即顶区域内，其对应的坐标表示为 $(Z_{[S_{Wi,j}<S'_{Wi,j}]},\ S_{[S_{Wi,j}<S'_{Wi,j}]})$。以其作为投影点，向直线 BF 上方边界进行投影插值，即取顶区内的点作为向底区内的点进行插值（如图 B-7 中 $c_1 \sim c_7$ 点所示）。设 BF 下方的任一投影点为 $(Z_{[S_{Wi,j}<S'_{Wi,j}]},\ S_{[S_{Wi,j}<S'_{Wi,j}]})$，在 BF 上方点群中必存在相邻两点 $(Z_{[S_{Wm,n}>S'_{Wm,n}]},\ S_{[S_{Wm,n}>S'_{Wm,n}]})$ 和 $(Z_{[S_{Wm',n'}>S'_{Wm',n'}]},\ S_{[S_{Wm',n'}>S'_{Wm',n'}]})$，其满足：

$$Z_{[S_{Wm,n}>S'_{Wm,n}]} \leqslant Z_{[S_{Wi,j}<S'_{Wi,j}]} \leqslant Z_{[S_{Wm',n'}>S'_{Wm',n'}]}$$

利用 $(Z_{[S_{Wi,j}<S'_{Wi,j}]},\ S_{[S_{Wi,j}<S'_{Wi,j}]})$ 点的 Z 坐标在 $(Z_{[S_{Wm,n}>S'_{Wm,n}]},\ S_{[S_{Wm,n}>S'_{Wm,n}]})$ 和 $(Z_{[S_{Wm',n'}>S'_{Wm',n'}]},\ S_{[S_{Wm',n'}>S'_{Wm',n'}]})$ 之间进行线性插值，插值点的坐标为：

$$Z_{Ci,j} = Z_{[S_{Wi,j}<S'_{Wi,j}]}$$

$$S_{Ci,j} = S_{[S_{Wm,m}>S'_{Wm,m}]} + \frac{S_{[S_{Wm,m}>S'_{Wm,m}]} - S_{[S_{Wm',m'}>S'_{Wm',m'}]}}{Z_{[S_{Wm,m}>S'_{Wm,m}]} - Z_{[S_{Wm',m'}>S'_{Wm',m'}]}} \cdot (Z_{[S_{Wi,j}<S'_{Wi,j}]} - Z_{[S_{Wm,m}>S'_{Wm,m}]})$$

因此，直线 BF 下方的投影点 $(Z_{[S_{Wi,j} < S'_{Wi,j}]}, S_{[S_{Wi,j} < S'_{Wi,j}]})$ 对应的 S 向线段长度为：

$$S_{i,j} = \left| S_{Ci,j} - S_{[S_{Wi,j} < S'_{Wi,j}]} \right| \tag{B-13}$$

对直线 BF 下方全部投影点采用式（B-13）进行遍历，取 $\max(S_i)$ 作为某一相机姿态 φ、θ 下的环向最宽视界。按此方法，对于外侧摄站，取 $\varphi = \varphi_{max}$，将 θ 从 $0° \sim 90°$ 遍历计算环向最宽视界；对于中间摄站，取 $\varphi = 90°$，将 θ 从 $90° \sim \theta_{min}$ 遍历计算环向最宽视界；最终取两次遍历结果的最小值作为标志沿断面切向布置间距 S。

对于 Z 轴向的最大距离计算则连接顶至点 U、底至点 D，构建前-后分区线，取前区内的点作为投影点向后区内的点进行插值，方法同上，此处不再赘述。

（4）算法实现

① 首先计算中间摄站：

第一步：对于某一断面参数 W_d、H_e、ΔH_f 组合确定第 g 种断面类型。

第二步：在第一步给定的第 g 种断面下，取 $\varphi = 90°$ 不变，以 $\theta = 90°$ 为初始值，$\Delta\theta$（本规程中取 $-3°$）为步长，确定本循环内相机姿态 $\theta_h = 90° + h\Delta\theta$（$h = 1$，2，3…）。

第三步：在第二步给定的姿态下，遍历像平面上边界点，计算得到隧道曲面上 $2(m+n)$ 个投影点 $P'_{Ci,j}$，转化至隧道坐标系 $P'_{Wi,j}$，再转换至展平坐标系 $(Z_{Wi,j}, S_{Wi,j})$。

第四步：计算 $(Z_{[S_{Wi,j} < S'_{Wi,j}]}, S_{[S_{Wi,j} < S'_{Wi,j}]})$ 及相应插值点 $(Z_{[S_{Wi,j} < S'_{Wi,j}]}, S_{Ci,j})$、$(Z_{Ci,j}, S_{[Z_{Wi,j} < Z'_{Wi,j}]})$，得出 $S_{i,j}$ 及 $C_{i,j}$；取 $S_{gh} = \max(S_{i,j}, S_{g,h})$，$C_{gh} = \max(C_{i,j}, C_{g,h})$，刷新 $S_{g,h}$、$C_{g,h}$ 最大值并存储。

第五步：当第四步计算完共 $2(m+n)$ 个 $S_{g,h}$、$C_{g,h}$ 后，返回第二步计算下一循环相机姿态 θ_{h+1}；当 $\theta_h > \theta_{gmin}$ 时，输出 $S_g = \min(S_{g,h-1})$、$C_g = \min(C_{g,h-1})$，作为 S_g、C_g 的控制指标。

第六步：返回第一步计算第 $g+1$ 种断面类型，直至遍历完所有断面。

② 然后计算外侧摄站：

第一步：对于某一断面参数 W_d、H_e、ΔH_f 组合确定第 g 种断面类型。

第二步：在第一步给定的第 g 种断面下，取 $\varphi = \varphi_{max}$ 不变，以 $\theta = 0°$ 为初始值，$\Delta\theta$（本规程中取 $+3°$）为步长，确定本循环内相机姿态 $\theta_h = 0° + h\Delta\theta$（$h = 1$，2，3… $90°/\Delta\theta$）。

第三步：在第二步给定的姿态下，遍历像平面上边界点，计算得到隧道曲面上 $2(m+n)$ 个投影点 $P'_{Ci,j}$，转化至隧道坐标系 $P'_{Wi,j}$，再转换至展平坐标系 $(Z_{Wi,j}, S_{Wi,j})$。

第四步：计算 $(Z_{[S_{Wi,j} < S'_{Wi,j}]}, S_{[S_{Wi,j} < S'_{Wi,j}]})$ 及相应插值点 $(Z_{[S_{Wi,j} < S'_{Wi,j}]}, S_{Ci,j})$、$(Z_{Ci,j}, S_{[Z_{Wi,j} < Z'_{Wi,j}]})$，得出 $S_{i,j}$ 及 $C_{i,j}$；取 $S'_{gh} = \max(S_{i,j}, S'_{g,h})$，$C'_{gh} = \max(C_{i,j}, C'_{g,h})$，刷新 $S'_{g,h}$、$C'_{g,h}$ 最大值并存储。

第五步：当第四步计算完共 $2(m+n)$ 个 $S'_{g,h}$、$C'_{g,h}$ 后，返回第二步计算下一循环相机姿态 θ_{h+1}；当 $\theta_h > 90°$ 时，输出 $S'_g = \min(S'_{g,h-1})$、$C'_g = \min(C'_{g,h-1})$，作为 S'_g、C'_g 的控制指标。

第六步：返回第一步计算第 $g+1$ 种断面类型，直至遍历完所有断面。

③最后进行数据汇总：

对于第 g 种断面类型，其标志最优布置密度为：$S = \min\,(S_g,\ S_g')$，$C = \min\,(C_g,\ C_g')$。算法结构如图 B-8 所示。

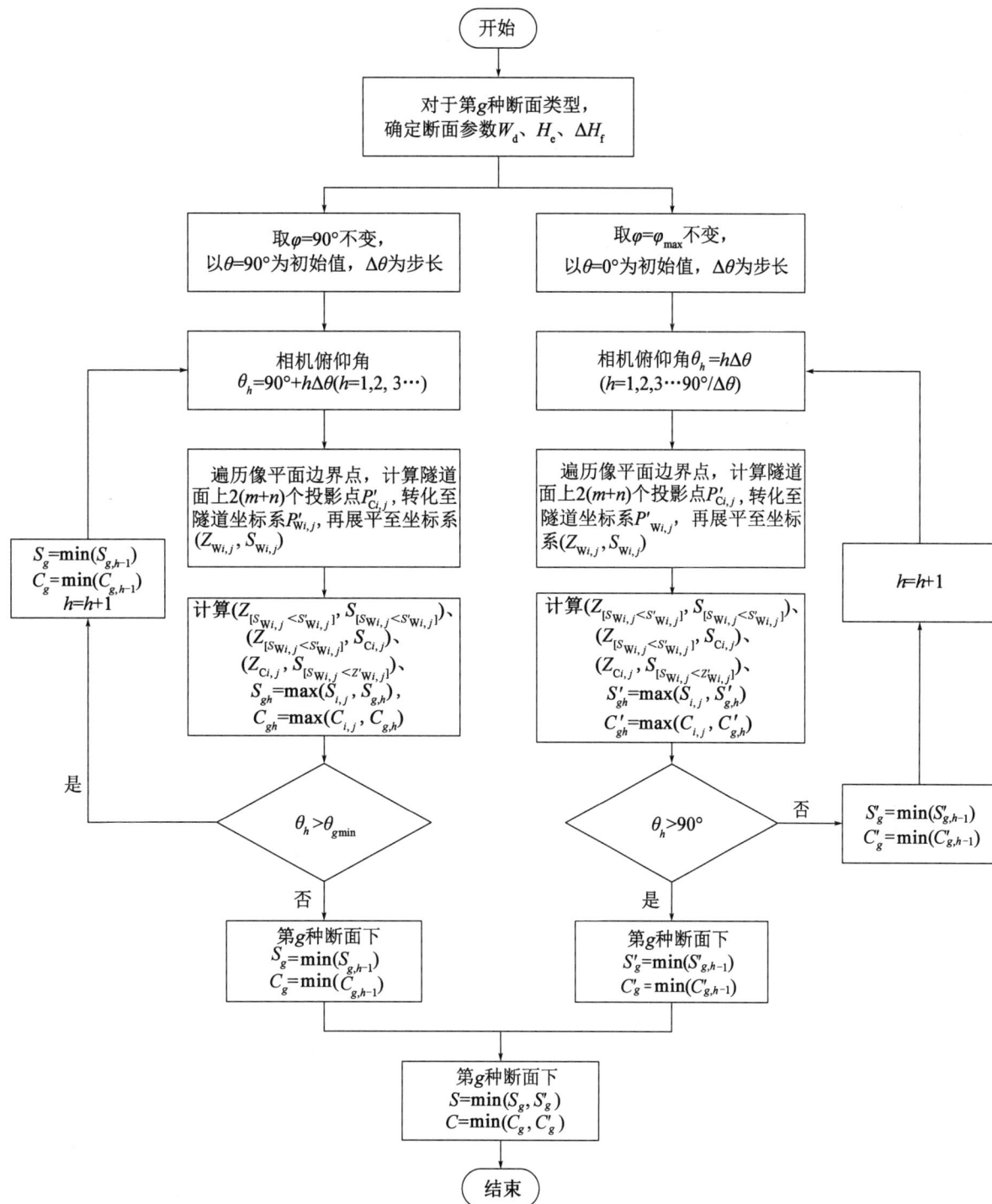

开始

对于第 g 种断面类型，确定断面参数 W_d、H_e、ΔH_f

取 $\varphi=90°$ 不变，以 $\theta=90°$ 为初始值，$\Delta\theta$ 为步长

取 $\varphi=\varphi_{max}$ 不变，以 $\theta=0°$ 为初始值，$\Delta\theta$ 为步长

相机俯仰角 $\theta_h=90°+h\Delta\theta$ $(h=1,2,3\cdots)$

相机俯仰角 $\theta_h=h\Delta\theta$ $(h=1,2,3\cdots 90°/\Delta\theta)$

遍历像平面边界点，计算隧道面上 $2(m+n)$ 个投影点 $P'_{Ci,j}$，转化至隧道坐标系 $P'_{Wi,j}$，再展平至坐标系 $(Z_{Wi,j},\ S_{Wi,j})$

遍历像平面边界点，计算隧道面上 $2(m+n)$ 个投影点 $P'_{Ci,j}$，转化至隧道坐标系 $P'_{Wi,j}$，再展平至坐标系 $(Z_{Wi,j},\ S_{Wi,j})$

计算 $(Z_{[S_{Wi,j}<S'_{Wi,j}]},\ S_{[S_{Wi,j}<S'_{Wi,j}]})$、$(Z_{[S_{Wi,j}<S'_{Wi,j}]},\ S_{Ci,j})$、$(Z_{Ci,j},\ S_{[S_{Wi,j}<Z'_{Wi,j}]})$、$S_{gh}=\max(S_{i,j},\ S_{g,h})$，$C_{gh}=\max(C_{i,j},\ C_{g,h})$

计算 $(Z_{[S_{Wi,j}<S'_{Wi,j}]},\ S_{[S_{Wi,j}<S'_{Wi,j}]})$、$(Z_{[S_{Wi,j}<S'_{Wi,j}]},\ S_{Ci,j})$、$(Z_{Ci,j},\ S_{[S_{Wi,j}<Z'_{Wi,j}]})$、$S'_{gh}=\max(S_{i,j},\ S'_{g,h})$，$C'_{gh}=\max(C_{i,j},\ C'_{g,h})$

$S_g=\min(S_{g,h-1})$ $C_g=\min(C_{g,h-1})$ $h=h+1$

$h=h+1$

$\theta_h>\theta_{g min}$ 是 / 否

$\theta_h>90°$ 是 / 否

$S'_g=\min(S'_{g,h-1})$ $C'_g=\min(C'_{g,h-1})$

第 g 种断面下 $S_g=\min(S_{g,h-1})$ $C_g=\min(C_{g,h-1})$

第 g 种断面下 $S'_g=\min(S'_{g,h-1})$ $C'_g=\min(C'_{g,h-1})$

第 g 种断面下 $S=\min(S_g,\ S'_g)$ $C=\min(C_g,\ C'_g)$

结束

图 B-8　标志布置密度的算法

3）影像重叠度控制

本规程参考了航空摄影测量中"航向重叠度"和"旁向重叠度"的搭接方法，分

别针对外侧摄站和中间摄站，采用"环向重叠度"和"纵向重叠度"指标来控制影响重叠质量。其中"环向重叠度"受外侧摄站每张影像的俯仰角 θ_i 控制；"纵向重叠度"由中间摄站每张影像的俯仰角 θ'_i 和摄站断面间距 D_C 控制。考虑隧道断面多，视场在隧道面上覆盖区域为空间曲面，本规程采用曲面展平的方式进行数值计算，以重叠度不低于 60% 作为控制指标，对各行业可能出现的 237 种隧道断面类型进行了遍历计算，然后对计算结果进行归并后，得到表 B.3-1～表 B.3-3 中的 θ_i、θ'_i、D_C 值，便于现场查用。具体算法原理如下。

（1）中间摄站影像重叠

中间摄站需考虑两种重叠度：一种是相机以 θ'_i 俯仰角拍摄的第 i 张影像与相机以 θ'_{i+1} 俯仰角拍摄的第 $i+1$ 张影像之间的重叠度，如图 B-9 中重叠区域 1 所示；另一种是相机朝向洞口侧与朝向掘进侧最末一张影像之间的重叠度，如图 B-9 中重叠区域 2 所示。当第一种重叠度达到 60% 临界点时，θ'_i 即为拍摄第 i 张影像所需要控制的俯仰角，这个参数在现场可以通过云台俯仰轴上的刻度来实现，因此表 B.3-1～表 B.3-3 给出了每类断面情况下，中间摄站拍摄的影像张数及相应的俯仰角 θ'_i。

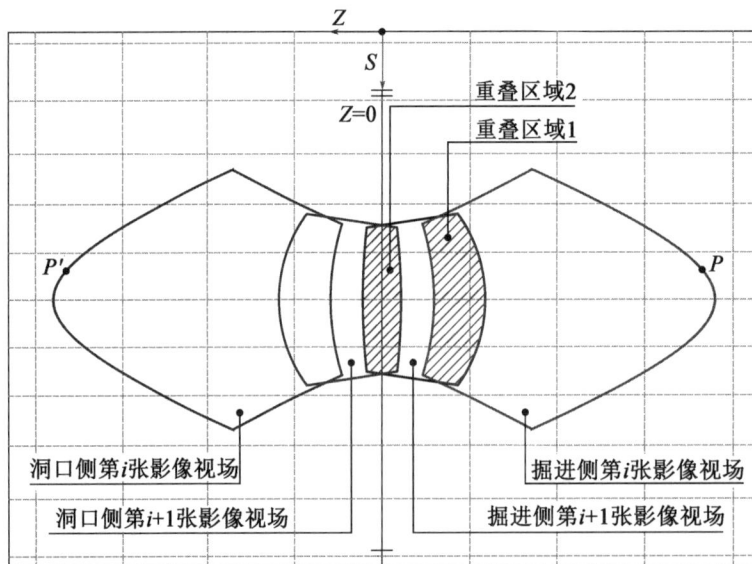

图 B-9　中间摄站相邻影像重叠示意图

中间摄站重叠度面积的具体计算方法如下：

对于中间摄站相机处于 θ'_i 俯仰角下拍摄的第 i 张影像，其俯仰角可用离散化表达。式中，$\Delta\theta'$ 为 θ'_i 的变化步长（本规程中取 3）：

$$\theta'_i = \theta'_{i-1} + (i-1)\cdot\Delta\theta' \qquad (i=2,3\cdots; \Delta\theta'>0; \theta'_1=\theta_{g\min}) \qquad (\text{B-14})$$

设 $P(Z_{\mathrm{W}i,j}, S_{\mathrm{W}i,j})$ 表示第 i 张影像下的第 j 个边界点 ZS 坐标，其利用式（B-10）或式（B-11）计算得到［本节中的 $(Z_{\mathrm{W}i,j}, S_{\mathrm{W}i,j})$ 与式（B-10）含义不同］。调用 Python 封装的函数 Current_Area 对边界点群 P 遍历可求得其相应的面积：

$$A_i = \mathrm{Current\_Area}(Z_{\mathrm{W}i,j}, S_{\mathrm{W}i,j}) \qquad (\text{B-15})$$

为计算前述第二种重叠度，由于朝向洞口侧与朝向掘进侧的相机俯仰角关于 S 轴对称，故 P' 坐标为 $(-Z_{Wi,j}, S_{Wi,j})$，同样利用上述方法可求得朝向洞口侧摄站视场面积表达式：

$$A_i' = \text{Current\_Area}(-Z_{Wi,j}, S_{Wi,j}) \tag{B-16}$$

调用 Python 封装的函数 Overlapping_Area 分别计算 A_i 与 A_{i-1}、A_i' 的面积重叠度。下式中以面积较大的区域作为参考对象，以使结果偏于安全：

$$\begin{cases} O_{i,i'} = \dfrac{\text{Overlapping\_Area}(A_i, A_i')}{\max(A_i, A_i')} \\[4mm] O_{i,i-1} = \dfrac{\text{Overlapping\_Area}(A_i, A_{i-1})}{\max(A_i, A_{i-1})} \end{cases} \tag{B-17}$$

当 $O_{i,i'} < 0.6$ 且 $O_{i,i-1} \geqslant 0.6$ 时，说明此时相机影像与上一张影像重叠度仍满足要求，但未到达最大俯仰角位置，可继续增大 θ_i' 以试探 A_i 与 A_{i-1} 的面积重叠度的临界点。故取 $i = i+1$，调整相机俯仰角至 θ_{i+1}'，继续按式（B-14）~式（B-17）计算重叠度。

当 $O_{i,i'} < 0.6$ 且 $O_{i,i-1} < 0.6$ 时，说明此时相机影像与上一张影像重叠度刚超出临界点，但又未到达最大俯仰角位置，可继续增大 θ_i' 以试探下一张影像的俯仰角控制值和最大俯仰角。故输出 θ_{i-1}' 作为第 $i-1$ 张影像俯仰角控制值；继续取 $i = i+1$，调整相机俯仰角至 θ_{i+1}'，继续按式（B-14）~式（B-17）计算重叠度。

当 $O_{i,i'} \geqslant 0.6$ 且 $O_{i,i-1} \geqslant 0.6$ 时，说明此时相机影像与上一张影像重叠度、同断面另一侧的外侧相机影像重叠度均满足要求，俯仰角已达到最大值。故输出 θ_i'，并终止中间摄站的计算。

（2）外侧摄站影像重叠

外侧摄站也需考虑两种重叠度：一种是相机以 θ_i 俯仰角拍摄的第 i 张影像与相机以 θ_{i+1} 俯仰角拍摄的第 $i+1$ 张影像之间的重叠度，如图 B-10 中重叠区域 1 所示；另一种是分布于同一断面内两侧的外侧摄站相机最末一张影像之间的重叠度，如图 B-10 中重叠区域 2 所示。当第一种重叠度达到 60% 临界点时，θ_i 即为拍摄第 i 张影像所需要控制的俯仰角。表 B.3-1 ~ 表 B.3-3 给出了每类断面情况下，外侧摄站拍摄的影像张数及相应的俯仰角 θ_i。

外侧摄站重叠度面积的具体计算方法如下：

外侧摄站相机处于 θ_i 俯仰角下拍摄的第 i 张影像，其俯仰角可用式（B-18）表示。式中，$\Delta\theta$ 为 θ_i 的变化步长（本规程中取 3）。

$$\theta_i = \theta_{i-1} + (i-1) \cdot \Delta\theta \qquad (i = 2, 3\cdots; \Delta\theta > 0; \theta_1 = 0°) \tag{B-18}$$

与中间摄站类似，调用 Current_Area 函数，按式（B-15）计算边界点群围成的面积 A_i。由于分布于同一断面内两侧的外侧摄站关于直线 $S = L/2$ 对称，故 P' 坐标为 $P'(Z_{Wi,j}, L - S_{Wi,j})$，继而求得对侧摄站视场面积表达式：

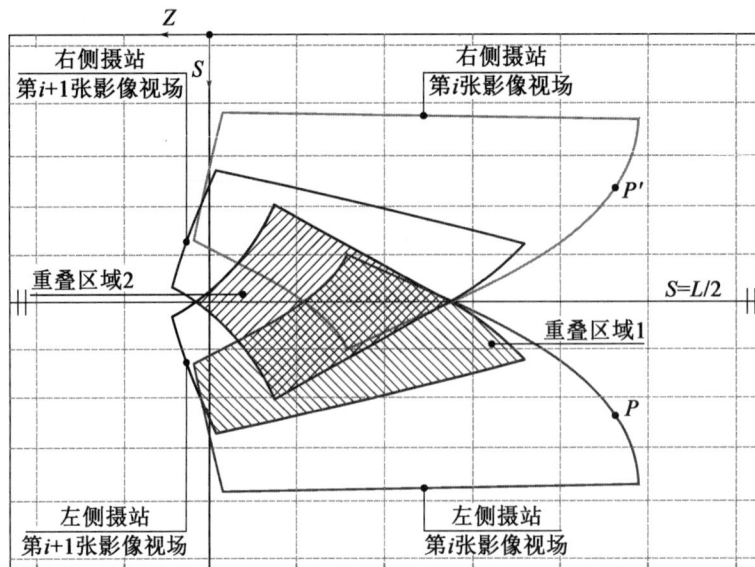

图 B-10　外侧摄站相邻影像重叠示意图

$$A'_i = \text{Current\_Area}(Z_{\text{W}i,j}, L - S_{\text{W}i,j}) \tag{B-19}$$

最后调用 Overlapping_Area 函数，按式（B-17）分别计算 A_i 与 A_{i-1}、A'_i 的面积重叠度 $O_{i,i'}$ 与 $O_{i,i-1}$。随后利用与中间摄站同样的方法，根据 $O_{i,i'}$ 与 $O_{i,i-1}$ 关系来输出每张影像对应的俯仰角 θ_i。

（3）相邻断面影像重叠

除了中间摄站和外侧摄站相邻两张影像的俯仰角外，相邻断面间的间距（基线间距）D_C 也是影响影像重叠度的重要因素：D_C 过大会引起相邻两断面间摄站影像脱离无重叠，故还需对 D_C 取值加以控制。D_C 的计算思路是：当中间摄站和外侧摄站的每张影像沿隧道纵向平移时会产生重叠，分别计算其达到临界值时的 D_C 值，最后取所有 D_C 的最小值，具体方法如下：

由于是摄站断面整体平移，因此对于中间摄站［图 B-11a)］和外侧摄站［图 B-11b)］的任一张影像，其视场投影都会整体平移 D_C。对于中间和外侧摄站相机拍摄的第 i 张影像，在第 t 次试探过程中的平移量为 $D_{Ci,t}$，其离散化表示见式（B-20）。式中，ΔD_C 为平移步长，由于图 B-11 中平移方向与 Z 轴相反，故为负值（本规程中取 -0.001m）：

$$D_{C_{i,t}} = D_{Ci,t-1} + (t-1) \cdot \Delta D_C \qquad (t = 2,3\cdots; \Delta D_C < 0; D_{C1} = \Delta D_C) \tag{B-20}$$

调用 Current_Area 函数，按式（B-15）计算平移前边界点群围成的面积 A_i。平移后各边界点 Z 坐标产生增量 $D_{Ci,t}$，故 P' 坐标为 $P'(Z_{\text{W}i,j} + D_{Ci,t}, S_{\text{W}i,j})$，继而求得平移后视场面积表达式：

$$A'_i = \text{Current\_Area}(Z_{\text{W}i,j} + D_{Ci,t}, S_{\text{W}i,j}) \tag{B-21}$$

通过调用 Overlapping_Area 函数，按式（B-17）分别计算 A_i 与 A'_i 的面积重叠度 $O_{i,i'}$。

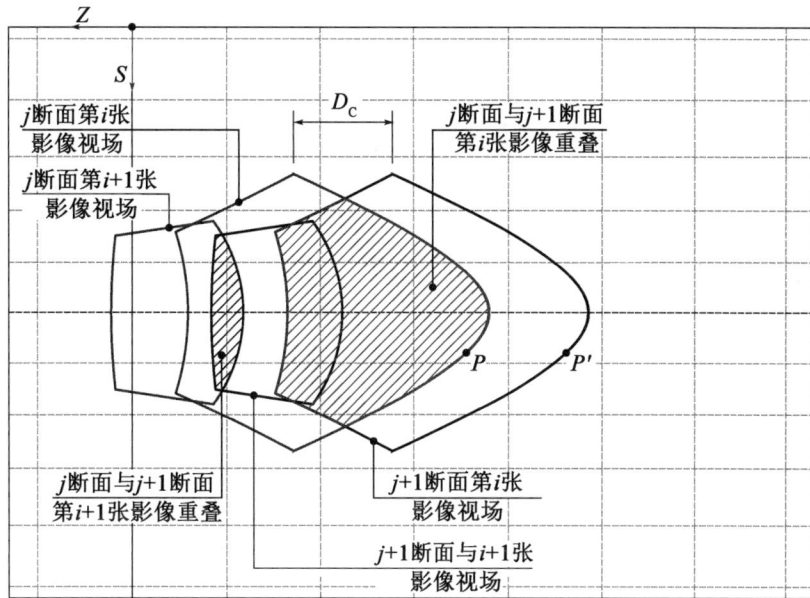

a)中间摄站相邻断面

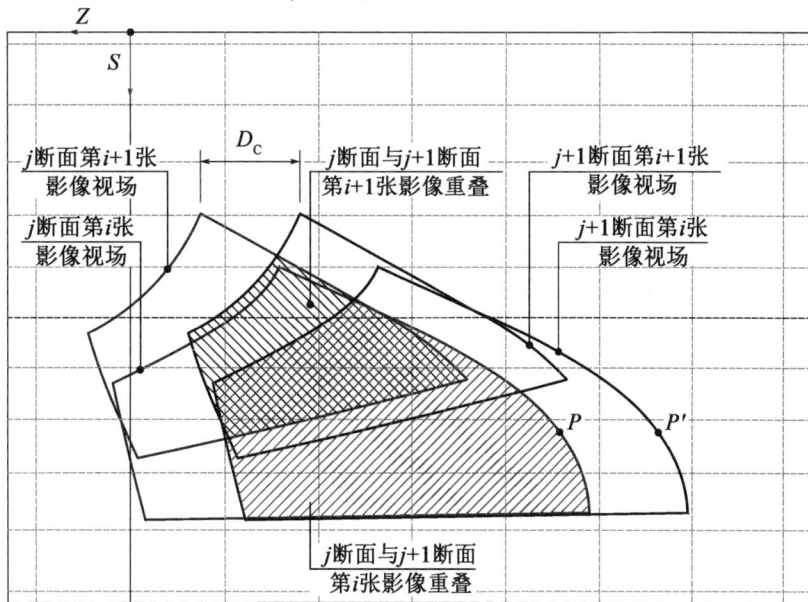

b)外侧摄站相邻断面

图 B-11　相邻断面影像重叠示意图

当 $O_{i,i'} \geqslant 0.6$ 时，说明此时相邻两断面间中间（外侧）摄站第 i 张影像的纵向重叠度仍满足要求，可继续增大 $D_{Ci,t}$ 以试探 A_i 与 A_i' 的面积重叠度的临界点。故取 $i = i+1$，继续按前述方法重新计算重叠度。

当 $O_{i,i'} < 0.6$ 时，说明此时的 $D_{Ci,t}$ 使位于相邻断面的同一摄站、同一姿态下的影像重叠度刚超出临界点。故输出 $D_{Ci,t-1}$ 作为第 i 张影像的临界平移距离 D_{Ci}。

按上述方法，在第 g 类断面的隧道中，对同一类摄站所有相机姿态 $\varphi_{g\max}$、θ_i（θ_i'）下对应的 D_{Ci} 进行遍历，最终按式（B-22）输出其最小值作为该类断面下允许的最大摄站断面间距 $D_{g,C}$。影像重叠度控制算法结构如图 B-12 所示。

$$D_{g,C} = \min(D_{Ci}) \hspace{4cm} (\text{B-22})$$

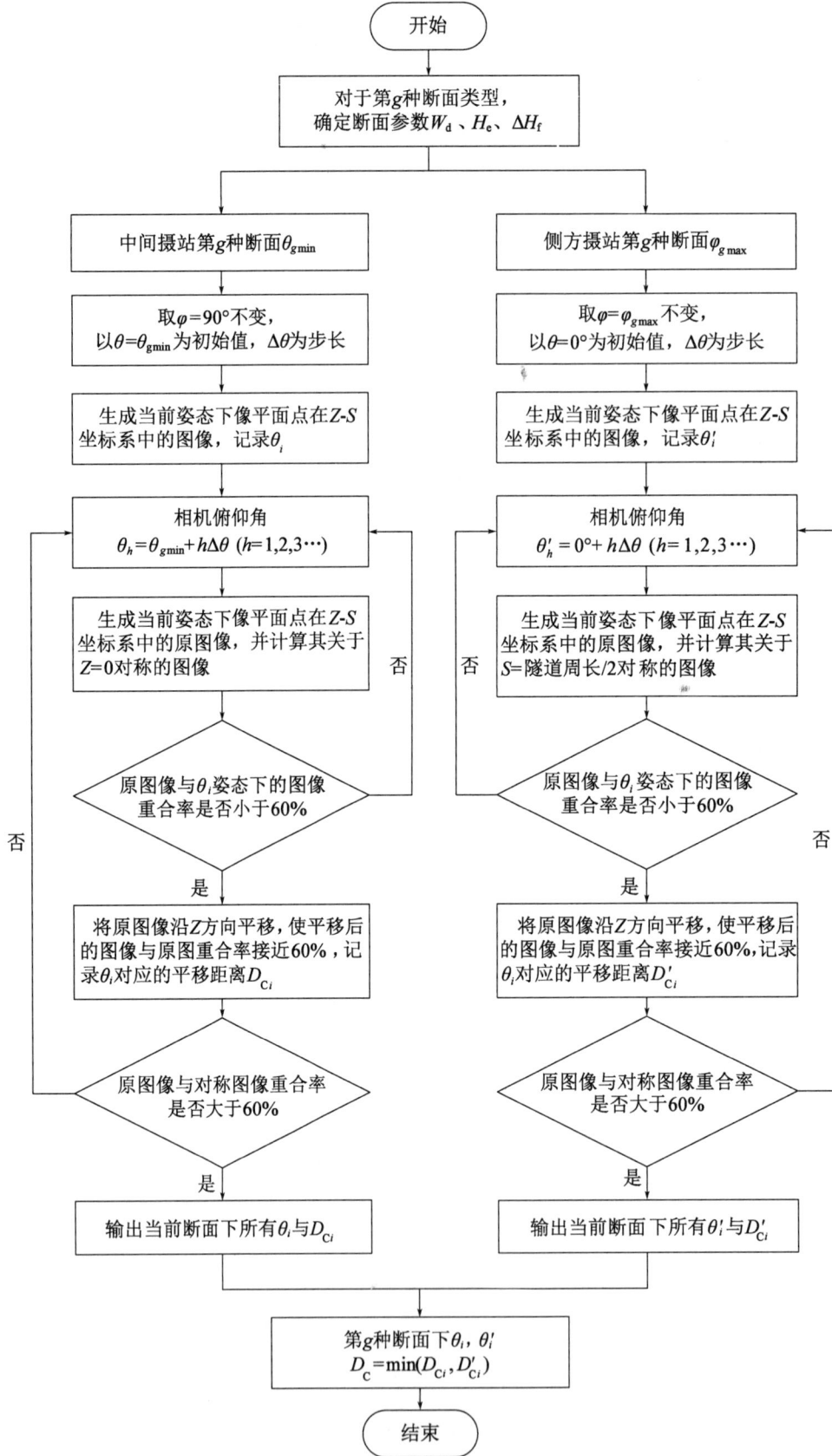

图 B-12 影像重叠度控制算法

附录 C 洞内能见度判断标准

现场可根据人眼观察 10m 外标志的模糊程度，对照表 C 确定相机最大拍摄距离。

表 C 能见度目视对照表

目视标志	相机最大拍摄距离（m）		
	实际焦距 20mm	实际焦距 24mm	实际焦距 28mm
	30.0	30.0	40.0
	25.0	25.0	30.0
	20.0	23.3	23.3
	17.5	20.0	20.0

注：表中数据适用于 APS-C 画幅相机。

条文说明

隧道内能见度限制了相机的最大拍摄距离和影像分辨率，是影响摄影测量精度的主要因素。隧道内常因潮湿、烟尘而出现雾气、扬尘、烟霾等降低能见度的恶劣环境，因此需在摄影作业开始前对隧道内能见度进行评估。表 C 的作用是在隧道雾尘环境下，根据人眼近距离观察到的标志模糊程度，判断相机所能拍摄的最大距离。按图 C-1 布置实验装置，并按照以下方法设计。

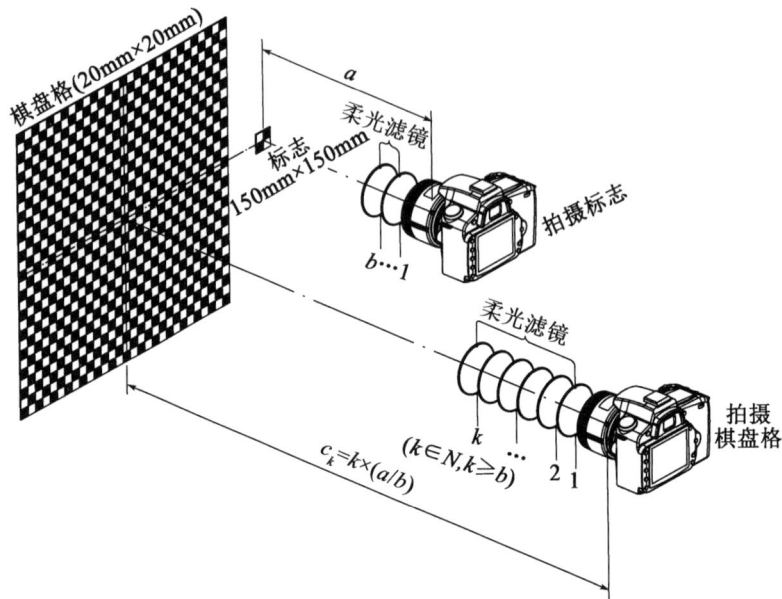

图 C-1　能见度测试实验原理

（1）柔光滤镜等效雾尘：雾尘环境下影响影像分辨率的因素为光照条件、雾尘浓度和拍摄距离。光照条件可以通过控制曝光参数和补光来进行改善。柔光滤镜使影像呈现模糊效果，与在雾尘环境中成像效果类似。实验假定空气及雾尘均匀分布，设距离 a 内雾尘浓度对能见度影响可在镜前叠加 b（$b=1$，2，$3\cdots$）数量的滤镜来模拟，并用参数 $\lambda=b/a$ 来描述雾尘浓度。λ 越大则雾尘浓度越大，能见度越低。当在镜前叠加 k（$k\in N$，$k\geq b$）数量的滤镜，拍摄距离应设为 $c_k=k\times（a/b）$。

（2）目视等效影像拍摄：为使相机拍摄影像与人眼观察影像基本一致，采用与人眼视觉效果最接近、等效焦距为 50mm 的镜头进行等效影像拍摄。同时考虑人眼对标志的识别能力和观测便利性，选择合适的 a 值，于镜前叠加 b 数量的滤镜，拍摄 150mm × 150mm 标志影像，作为人眼观察比对的参考。

（3）最大拍摄距离测定：设隧道表面纹理分辨率为 d，制作方格尺寸为 $d\times d$ 的棋盘格进行模拟。由第 5.2.4 条条文说明可知，初期支护表面凹凸起伏平均间距约 25mm，故取 $d=20$mm。拍摄时，在距棋盘格 c_k 处于镜前叠加 k 数量的滤镜，并拍摄棋盘格影像。当相机距棋盘格 c_k 处拍摄的影像能分辨棋盘格，但 c_{k+1} 处拍摄的影像无法分辨棋盘格时，则最大拍摄距离为 c_k。

（4）等效影像与最大拍摄距离关联：步骤（2）拍摄的影像即为目视等效影像，反映了人眼在雾尘浓度模拟参数 $\lambda = b/a$ 下，距离标志 a 时所能感知的标志模糊程度。最大拍摄距离反映的是雾尘浓度模拟参数 $\lambda = b/a$ 下，距棋盘格 c_k 时隧道表面纹理特征能被相机识别的极限距离。由于二者雾尘浓度模拟参数相同，故可建立一一对应关系。

通过改变步骤（1）中的 a 或 b，可模拟不同雾尘浓度。重复前述（1）～（4）实验步骤，即获得在不同雾尘浓度下，目视等效影像与最大拍摄距离的对应关系。

实验按以下要点实施：

（1）采用不同 λ 值模拟雾尘浓度：通过 a、b 值的组合获取不同 λ 值以模拟不同浓度雾尘对影像清晰度的影响。

（2）选定多种 a 值进行实验：距离 a 选定了5m和10m两种值进行测试。兼顾人眼对标志的识别能力和对距离估计的便利，故以10m作为目视等效影像的拍摄距离。5m值作用在于得到更多的 λ 值，丰富目视等效影像的样本。

（3）与同断面内摄站最大视距 D 的范围相适应：根据实验数据确定最大拍摄距离时，应使其与表 B.3-1～表 B.3-3 中各焦距镜头的最大视距 D 的范围相适应。首先根据表 B.3-1～表 B.3-3 确定各焦距镜头最大视距 D 的范围；然后对照表 C-1～表 C-3 逐个采集影像，剔除无法识别棋盘格的数据；最后剔除剩余数据中最大拍摄距离在各焦距镜头最大视距 D 之外的数据。实验时最多采用8片滤镜。

表 C-1　焦距 20mm 镜头实验记录表（视距要求：15.9～29.1m）

a (m)	5						10					
b (m)	1		2		3		1		2		3	
λ	0.20		0.40		0.60		0.10		0.20		0.30	
	k	c_k (m)	k	c_k (m)	k	c_k (m)	k	c_k (m)	k	c_k (m)	k	c_k (m)
视距	1	5.0*	2	5.0*	3	5.0*	1	10.0*	2	10.0*	3	10.0*
	2	10.0*	3	7.5*	4	6.7*	**2**	**20.0***	3	15.0*	4	13.3*
	3	15.0*	4	10.0*	5	8.3*	**3**	**30.0***	**4**	**20.0***	5	**16.7***
	4	**20.0***	5	12.5*	6	10.0*	4	40.0	**5**	**25.0***	**6**	**20.0***
	5	**25.0***	6	15.0*	7	11.7*	5	50.0	6	30.0	7	23.3
	6	30.0	**7**	**17.5***	8	13.3*	6	60.0	7	35.0	8	26.7
	7	35.0	8	20.0	—	—	7	70.0	8	40.0	—	—
	8	40.0	—	—	—	—	8	80.0	—	—	—	—

表 C-2　焦距 24mm 镜头实验记录表（视距要求：17.0～30.3m）

a (m)	5						10					
b (m)	1		2		3		1		2		3	
λ	0.20		0.40		0.60		0.10		0.20		0.30	
	k	c_k (m)	k	c_k (m)	k	c_k (m)	k	c_k (m)	k	c_k (m)	k	c_k (m)
视距	1	5.0*	2	5.0*	3	5.0*	1	10.0*	2	10.0*	3	10.0*
	2	10.0*	3	7.5*	4	6.7*	**2**	**20.0***	3	15.0*	4	13.3*
	3	15.0*	4	10.0*	5	8.3*	**3**	**30.0***	**4**	**20.0***	5	16.7*
	4	**20.0***	5	12.5*	6	10.0*	4	40.0	**5**	**25.0***	6	**20.0***
	5	**25.0***	6	15.0*	7	11.7*	5	50.0	6	30.0	7	**23.3***
	6	30.0	**7**	**17.5***	8	13.3*	6	60.0	7	35.0	8	26.7
	7	35.0	**8**	**20.0***	—	—	7	70.0	8	40.0	—	—
	8	40.0	—	—	—	—	8	80.0	—	—	—	—

表 C-3　焦距 28mm 镜头实验记录表（视距要求：17.3～32.7m）

a (m)	5						10					
b (m)	1		2		3		1		2		3	
λ	0.20		0.40		0.60		0.10		0.20		0.30	
	k	c_k (m)	k	c_k (m)	k	c_k (m)	k	c_k (m)	k	c_k (m)	k	c_k (m)
视距	1	5.0*	2	5.0*	3	5.0*	1	10.0*	2	10.0*	3	10.0*
	2	10.0*	3	7.5*	4	6.7*	**2**	**20.0***	3	15.0*	4	13.3*
	3	15.0*	4	10.0*	5	8.3*	**3**	**30.0***	**4**	**20.0***	5	16.7*
	4	**20.0***	5	12.5*	6	10.0*	**4**	**40.0***	**5**	**25.0***	6	**20.0***
	5	**25.0***	6	15.0*	7	11.7*	5	50.0	**6**	**30.0***	7	**23.3***
	6	**30.0***	**7**	**17.5***	8	13.3*	6	60.0	7	35.0	8	26.7
	7	35.0	**8**	**20.0***	—	—	7	70.0	8	40.0	—	—
	8	40.0	—	—	—	—	8	80.0	—	—	—	—

注：1. 表 C-1～表 C-3 表头中"视距"数据由表 B.3-1～表 B.3-3 确定。

　　2. 表 C-1～表 C-3 中带"＊"的数据表示该距离拍摄的影像可以识别棋盘格，其中加粗的数据满足相应镜头视距要求。

　　3. 表 C-1～表 C-3 中加灰色背景的数据表示该距离拍摄的影像无法识别棋盘格。

根据表 C-1～表 C-3 的数据，以焦距作为行表头，λ 值作为列表头，将对应的最远拍摄距离整理成表，即得到表 C。

附录 D 洞内曝光参数判断标准

D.1 曝光等级判断

对不具备精确测光条件的，现场可通过人眼观察标志明暗情况，对照表 D.1 确定隧道洞内曝光等级。

表 D.1 曝光等级目视对照表

曝光等级	标志目视情况	曝光等级	标志目视情况
-2		+3	
-1		+4	
±0		+5	
+1		+6	

表 D.1（续）

曝光等级	标志目视情况	曝光等级	标志目视情况
+2		+7	

D.2　曝光参数判断

D.2.1　根据洞内曝光等级，结合相机设定的感光度值（ISO）、光圈值，通过表 D.2.1-1～表 D.2.1-4 确定相机曝光时间。

表 D.2.1-1　曝光等级与曝光参数对照表（ISO=800）

快门	光圈							
	4.0	5.6	8.0	11.0	16.0	22.0	32.0	45.0
8m								+7
4m							+7	+6
2m						+7	+6	+5
60s					+7	+6	+5	+4
30s				+7	+6	+5	+4	+3
15s			+7	+6	+5	+4	+3	+2
8s		+7	+6	+5	+4	+3	+2	+1
4s	+7	+6	+5	+4	+3	+2	−1	±0
2s	+6	+5	+4	+3	+2	+1	±0	−1
1s	+5	+4	+3	+2	+1	±0	−1	−2
1/2s	+4	+3	+2	+1	±0	−1	−2	
1/4s	+3	+2	+1	±0	−1	−2		
1/8s	+2	+1	±0	−1	−2			
1/15s	+1	±0	−1	−2				
1/30s	±0	−1	−2					
1/60s	−1	−2						
1/125s	−2							

表 D. 2. 1-2　曝光等级与曝光参数对照表（ISO = 1600）

快门	光圈							
	4.0	5.6	8.0	11.0	16.0	22.0	32.0	45.0
4m								+7
2m							+7	+6
60s						+7	+6	+5
30s					+7	+6	+5	+4
15s				+7	+6	+5	+4	+3
8s			+7	+6	+5	+4	+3	+2
4s		+7	+6	+5	+4	+3	+2	+1
2s	+7	+6	+5	+4	+3	+2	-1	±0
1s	+6	+5	+4	+3	+2	+1	±0	-1
1/2s	+5	+4	+3	+2	+1	±0	-1	-2
1/4s	+4	+3	+2	+1	±0	-1	-2	
1/8s	+3	+2	+1	±0	-1	-2		
1/15s	+2	+1	±0	-1	-2			
1/30s	+1	±0	-1	-2				
1/60s	±0	-1	-2					
1/125s	-1	-2						
1/250s	-2							

表 D. 2. 1-3　曝光等级与曝光参数对照表（ISO = 3200）

快门	光圈							
	4.0	5.6	8.0	11.0	16.0	22.0	32.0	45.0
2m								+7
60s							+7	+6
30s						+7	+6	+5
15s					+7	+6	+5	+4
8s				+7	+6	+5	+4	+3
4s			+7	+6	+5	+4	+3	+2
2s		+7	+6	+5	+4	+3	+2	+1
1s	+7	+6	+5	+4	+3	+2	-1	±0
1/2s	+6	+5	+4	+3	+2	+1	±0	-1
1/4s	+5	+4	+3	+2	+1	±0	-1	-2
1/8s	+4	+3	+2	+1	±0	-1	-2	
1/15s	+3	+2	+1	±0	-1	-2		
1/30s	+2	+1	±0	-1	-2			

表 D.2.1-3（续）

快门	光圈							
	4.0	5.6	8.0	11.0	16.0	22.0	32.0	45.0
1/60s	+1	±0	−1	−2				
1/125s	±0	−1	−2					
1/250s	−1	−2						
1/500s	−2							

表 D.2.1-4 曝光等级与曝光参数对照表（ISO = 6400）

快门	光圈							
	4.0	5.6	8.0	11.0	16.0	22.0	32.0	45.0
60s								+7
30s							+7	+6
15s						+7	+6	+5
8s					+7	+6	+5	+4
4s				+7	+6	+5	+4	+3
2s			+7	+6	+5	+4	+3	+2
1s		+7	+6	+5	+4	+3	+2	+1
1/2s	+7	+6	+5	+4	+3	+2	−1	±0
1/4s	+6	+5	+4	+3	+2	+1	±0	−1
1/8s	+5	+4	+3	+2	+1	±0	−1	−2
1/15s	+4	+3	+2	+1	±0	−1	−2	
1/30s	+3	+2	+1	±0	−1	−2		
1/60s	+2	+1	±0	−1	−2			
1/125s	+1	±0	−1	−2				
1/250s	±0	−1	−2					
1/500s	−1	−2						
1/1000s	−2							

D.2.2 对于搭载 M4/3、APS-C 传感器的相机，感光度值（ISO）设定不宜超过 1600。

条文说明

表 D.1 中的目视影像采用以下方式获得并标定曝光等级：

（1）拍摄准确曝光影像：在均匀光照条件下将标志置于与隧道初期支护或二次衬

砌颜色相近的背景上，采用测光表测量实验场景下相机的准确曝光参数为：ISO = 100，快门值 = 1/4s，光圈值 = 4.0。由表 D-1 可知，该曝光参数相应的 AV = 4，TV = 2，因此其标准曝光指数 EV = 6。

表 D-1　标准曝光指数 EV 对照表（ISO = 100，EV = AV + TV）

档位	AV	4	5	6	7	8	9	10	11
TV	光圈／快门	4.0	5.6	8.0	11.0	16.0	22.0	32.0	45.0
−10	16m	−6	−5	−4	−3	−2	−1	0	1
−9	8m	−5	−4	−3	−2	−1	0	1	2
−8	4m	−4	−3	−2	−1	0	1	2	3
−7	2m	−3	−2	−1	0	1	2	3	4
−6	60s	−2	−1	0	1	2	3	4	5
−5	30s	−1	0	1	2	3	4	5	6
−4	15s	0	1	2	3	4	5	6	7
−3	8s	1	2	3	4	5	6	7	8
−2	4s	2	3	4	5	6	7	8	9
−1	2s	3	4	5	6	7	8	9	10
0	1s	4	5	6	7	8	9	10	11
1	1/2s	5	6	7	8	9	10	11	12
2	1/4s	6	7	8	9	10	11	12	13
3	1/8s	7	8	9	10	11	12	13	14
4	1/15s	8	9	10	11	12	13	14	15
5	1/30s	9	10	11	12	13	14	15	16
6	1/60s	10	11	12	13	14	15	16	17
7	1/125s	11	12	13	14	15	16	17	18
8	1/250s	12	13	14	15	16	17	18	19
9	1/500s	13	14	15	16	17	18	19	20
10	1/1000s	14	15	16	17	18	19	20	21

（2）拍摄人眼模拟影像：人眼在不同光照条件下，对标志的分辨规律是：光照越强，标志看起来越明亮；光照越弱，标志看起来越昏暗。因此需获得不同光照条件下，符合人眼视觉规律的不正确曝光影像。保持相机位置、光圈、ISO 和光源不变，将相机快门值依次调整为 1s（TV = 0，EV = 4）、1/2s（TV = 1，EV = 5）、1/8s（TV = 3，EV = 7）、1/15s（TV = 4，EV = 8）、1/30s（TV = 5，EV = 9）、1/60s（TV = 6，EV = 10）、1/125s（TV = 7，EV = 11）、1/250s（TV = 8，EV = 12）、1/500s（TV = 9，EV = 13），拍摄得到由明到暗的影像序列。这与相机曝光参数 ISO = 100，快门值 = 1/4s，光圈值 = 4.0（EV = 6）保持不变，仅光照发生变化是等效的。

（3）计算曝光调整量：前述方法获取的明暗影像序列虽符合人眼对环境明暗的感知规律，但还需标定其与正确曝光的偏差，以供相机进行曝光参数的补偿调整。由于 EV=6 时的影像是经过精确测光拍摄的，以此作为基准，将前述影像序列的 EV 值减去 6，依次得到各张影像的曝光等级为：−2、−1、0、+1、+2、+3、+4、+5、+6、+7，此即表 D.1 中的曝光等级。曝光等级为负代表当前影像过亮，需减少相应档位曝光（加快快门速度，档位值增加）；曝光等级为正代表当前影像过暗，需增加相应档位曝光（减慢快门速度，档位值减少）。又由于表 D-1 是以 ISO 设置 100 为基准计算得来，而现场拍摄时 ISO 多设置为 800、1600、3200、6400，相当于前述曝光等级可以分别减少 3、4、5 档。当光圈保持不变时，其等效于将快门速度分别加快 3、4、5 档。

例如：对于表 D.1 中曝光等级为 +4 的影像，相机设定为 ISO=800、光圈值=4.0。在表 D-1 中找到光圈值=4.0、EV=6 的单元格，此时对应快门为 1/4s；自该单元格自下而上数 4 格（增加 4 个档位曝光），此时对应快门为 4s；再自上而下数 3 格（减少 3 个档位曝光），此时对应快门为 1/2s。即表 D.2.1-1 中光圈值为 4.0、快门值为 1/2s 时，对应的曝光等级为 +4。表 D.2.1-1 ~ 表 D.2.1-4 中各数据均按此方法计算得来。

附录 E 相机视场角对照表

相机视场角对照表见表 E。

表 E 相机视场角对照表

焦距 (mm)	传感器类型					
	M4/3		APS-C		全画幅	
	α_H（°）	α_V（°）	α_H（°）	α_V（°）	α_H（°）	α_V（°）
20	46.78	36.01	58.28	40.86	83.98	61.93
24	39.64	30.31	49.84	34.49	73.74	53.13
28	—	—	43.43	29.80	65.47	46.40
35	—	—	—	—	54.43	37.85
50	—	—	—	—	39.60	26.99

条文说明

表 E 中数据是根据式（E-1），将不同传感器及市售常见的定焦镜头焦距值进行组合计算而来。

$$\left.\begin{array}{l} \alpha_H = 2\arctan\left(\dfrac{l_s}{2f}\right) \\ \alpha_V = 2\arctan\left(\dfrac{b_s}{2f}\right) \end{array}\right\} \qquad (E\text{-}1)$$

式中：l_s——相机传感器长边尺寸（mm）；

b_s——相机传感器短边尺寸（mm）；

f——镜头实际焦距（mm）；

α_H——相机水平视场角（°）；

α_V——相机垂直视场角（°）。

本规程用词说明

1 为便于在执行本规程条文时区别对待，对要求严格程度不同的用词说明如下：

1）表示很严格，非这样做不可的用词：

正面词采用"必须"，反面词采用"严禁"。

2）表示严格，在正常情况下均应这样做的用词：

正面词采用"应"，反面词采用"不应"或"不得"。

3）表示允许稍有选择，在条件许可时首先应这样做的用词：

正面词采用"宜"，反面词采用"不宜"。

4）表示有选择，在一定条件下可以这样做的用词，采用"可"。

2 条文中指明应按其他有关标准、规范执行的写法为"可按……执行"或"应符合……的规定"或"应按……执行"。

引用标准名录

1　《工程摄影测量规范》（GB 50167）

2　《近景摄影测量规范》（GB/T 12979）

3　《技术制图　字体》（GB/T 14691）

4　《爆炸性环境　第 1 部分：设备通用要求》（GB 3836.1）

5　《公路隧道设计规范　第一册　土建工程》（JTG 3370.1）

6　《高速铁路工程测量规范》（TB 10601）

涉及专利和专有技术名录

1　国家专利

［1］中铁十二局集团有限公司，中铁十二局集团第七工程有限公司．一种长曝光倾斜摄影隧道全息测量方法：ZL201911037291.0［P］．2021-07.

［2］中铁十二局集团第七工程有限公司．一种基于 VBA 语言的隧道混凝土节超分析系统：2023SR0391071［P］．2023-03.

本文件的发布机构提请注意，声明符合本文件时，可能涉及到相关专利的使用。

本文件的发布机构对于该专利的真实性、有效性和范围无任何立场。

该专利持有人已向本文件的发布机构保证，他愿意同任何申请人在合理且无歧视的条款和条件下，就专利授权许可进行谈判。该专利持有人的声明在本文件的发布机构备案，相关信息可通过以下联系方式获得：

专利持有人姓名：中铁十二局集团有限公司、中铁十二局集团第七工程有限公司。

地址：山西省太原市西矿街 130 号、湖南省长沙市友谊路 202 号。

请注意除上述专利外，本文件的某些内容仍可能涉及专利。本文件的发布机构不承担识别这些专利的责任。

2　工法

［1］中铁十二局集团有限公司．隧道长曝光倾斜摄影地质及空间测绘施工工法［Z］．北京：国家铁路局，2023.

［2］中铁十二局集团有限公司．隧道长曝光倾斜摄影地质及空间测绘施工工法：TJYXGF-2021-082［Z］．北京：中国铁建股份有限公司，2021.